U0021807

植物都知道

從植物身上啟動自我的覺察力，找到最自在的生命姿態

「植物啊植物 誰是這個家裡對你最好的人」
植物 IG 帳號主理人 ———————— 米漿（林宜蓁）

奇幻之旅的啟程

我有一個寫了十年的臉書專頁，記錄到瑞典後的日常。三年前因為喜歡植物而在 Instagram 創了一個分享植物的帳號，全身心的投入其中，還因此在瑞典學校上了一年的園藝課。

如今，喜歡紀錄分享的我，跟喜歡植物的我，這兩個「我」結合在一起，竟然開發出了一條新的路線，催生了這本植物散文書，即使是從小就愛幻想的我，也從來不曾想過會有「出書」這個選項落在我身上。

也在寫書過程中，意外的清理了許多內在傷痛，自我療癒了好多課題，變成一個探索內在之旅，無形中幫我放下了好多執念。

也讓我知道，人有無限的可能，永遠不要設限。

因為從一個起點開始，不一定會一路直線前進。從當下熱愛的事出發，過程中的學習跟滋養，讓我找到一個可以投入的著力點，但不用鎖死在裡面，途中為了追尋心中的未知而做的各種嘗試跟努力，那些彎彎繞繞的風景，會在不知不覺中帶來超越你想像的際遇，會獲得比你想要的更重要更美好的東西，帶來意想不到的驚喜跟發展。

人生就是這麼有趣，當你用力想找到最對的方向，努力分析人生的意義，試圖在前人的智慧中找到屬於自己安身立命的歸宿時，偏偏就是一直會擦身而過，總是感覺少了一點什麼。

反而當你什麼都不管了，不去分析了，只是單純的去做喜歡的事，用自己的心當指南針，對的人會出現，事情會迎刃而解，生活也會開始變順。

人生會在你選擇自己真心喜愛的人事物後，重新開啟新的一輪。

而我知道，這本書是一個起點，讓我能沉澱下來整理思緒，讓我能留下一點足跡，踏著堅定的腳步分享奇幻之旅，紀錄生命的安排如此神奇，也讓我更相信自己。

探索的故事還在繼續，期待未知的轉折跟火花，一定超級好玩又驚喜，因為宇宙總是比我們有創意，能來地球玩真是太好了！

目錄

Contents

前言

PART 01

你聽！植物傳達的訊息　012

你聽！植物傳達的訊息

01

你需要的不是解決，
而是傾聽

「我都有澆水啊！但就是會死掉。」大部分的植物新手都會
經歷過一段澆太多水導致植物爛根的狀態。

對植物過度關注，三天兩頭就澆水，這窒息的愛，會讓土壤
裡的水太多導致根系無法呼吸，還誤以為對植物很有愛，是
一個很盡責的主人。

想想以前沒這麼關注植物時，她們都活得好好的，但是開始
「認真」想照顧它們時，反而大翻車。大概是因為那個看似
認真要卯起來照顧植物的我，想滿足的其實是我自己想付出
的需求，給予的是「我覺得你需要的」，卻沒有思考「這是
你需要的嗎？」

有時在傾聽別人的煩惱時，都會習慣加上自己的建議，試圖

／澆水過度
澆水的秘訣是：手指插進土裡兩個指節深，感受土壤濕氣，土乾再澆水。

提供解決方法。但其實大多時候對方只是想把煩惱講出來而已，有個發洩的出口就已經感覺好多了，並不想解決問題，或是現階段還沒有能力解決。

像是新鮮的傷口正需要緊急消毒包紮，但還不到後續復健階段，急著給予當下不需要的建議，聽在訴苦者耳裡就像是在否定他的委屈，熱心的一起想辦法卻變成在說教。

有時太直接的點出問題甚至會讓對方惱羞成怒，自以為付出很多，其實對方根本不想聽。等到對方真的有心要改變，有主動詢問意見的時候，再真誠地給予建議就好，這樣雙方才能開啟同頻率的交流，你的建議才有人珍惜。

像是澆太多水而窒息的植物一樣，人也需要用心去感受對方此刻需要的是傾聽還是解決，給予對方需要的，而非自己一廂情願的付出。

02

累積生活中的
小進步

相較於很愛澆水的類型，有一種人則是常常忘了澆水，希望最好有那種都不用照顧的植物，期待逢年過節打個招呼後就能蓬勃生長一整年，通常結果就是會在某一天突然發現角落怎麼有個奄奄一息的植物。

缺水的植物會有葉片萎靡、乾枯、下垂，整體看起來缺乏活力，非常明顯的能看到各種厭世狀態。

就像是一段停滯的關係，需要經營，需要灌溉，為這段關係注入活水，注入那股帶動彼此向上的引力。而最源頭的本質是要先灌溉自己，把自己當作需要照顧的植物，讓自己的心活躍起來。如果放任不管，當然只會看到枯萎厭世的自己。

最直接能感覺到自身被灌溉的就是「進步的感覺」。

生活中的各個面向都是一個能檢視追蹤的目標，比如健康方面解鎖了一個瑜伽的新姿勢、感情方面突破了固有的溝通迴圈、生活方面學會了游泳。小至學會一道新料理，大至學會一個新語言，無論項目大小，那種進步的感覺就是活力的來源，能讓人感覺到希望。

累積各個面向的小進步，慢慢灌溉自己。比起追求「贏」的心念，追求「進步」更能讓人感覺活力，從中獲得的能量也更持久，因為一步一步解鎖的踏實感，獲得的不只是快樂，更是一種對自己的肯定。

從小事開始，先把自己照顧好了，才有餘力去照顧別人，才能有品質的經營每一段關係。

／缺水
澆水要澆透，澆到有水從底部孔洞流出，讓水在底盆裡回吸一下，大概半小時後，倒掉那些沒有被吸走的水，這樣就能確保根系都喝飽水。

03

無光的日子，
用來重新調整頻率

大部分植物生長都需要陽光，差別在於每種植物的需求不同，有些需要光線充足的全日照，有些只需要半日照，如果沒有達到所需要的日照條件，生長速度會變慢、葉子變小或葉面疲軟，整個懨懨的。

缺光時，植物雖然看起來相對沒有元氣，但還是不會放棄活下去，跟人類不一樣的是，植物沒有想比旁邊那盆植物長得更漂亮、活得更成功的比較心態，植物只有生存這件終極目標，很簡單卻也是最重要的。

缺光時，會因為想要吸收光線而拚了命把脖子伸得長長的，那些徒長的莖，都是努力想活下去的證據。

有時候，人生有一段時間，你會把它歸類在無光的日子。

投履歷石沉大海，喜歡的人不喜歡你，想開心卻一直開心不起來。有挫折，有背叛，有迷茫。一早起床，什麼事情都還沒發生就已經絕望，希望可以暫停人生，甚至會有乾脆重新投胎的念頭。

生活的狼狽跟內心的痛苦交織，都是因為想生存下去而拚命掙扎的痕跡。沒關係，墜落到深淵，那就好好徹底的大哭一場吧！給自己一段時間，不著急好起來，回到此時此刻，跟自己在一起，重新調整頻率。

無光的日子，可以是重新探索自己，可以是一段沉澱休息，可以是退一步確認自己的價值觀排序。等自己有力氣面對了，就重新振作再出發，那是屬於自己的過火儀式，踏過那些灰燼，會在內心留下勇氣，提升自己面對挫折的能力。

狀態不好的時期，每個人都有，走過水深火熱的人，如果可以的話，也對那些還在掙扎的人多釋出一點善意，你舉手之勞所拋出的橄欖枝，或許在對方眼裡是一條救命繩索。

╱缺光

一般觀葉植物適合的光線為「明亮散射光」，指的是沒有陽光直射、在不開燈的情況下能讓眼睛舒服且清楚的看到書裡的字，就是明亮散射光。

04

那些寬容，
不是被踐踏的額度

有一種「耐陰植物」，不需要強烈光線也能成長，比如虎尾蘭、黃金葛。

在還不知道耐陰植物的特性之前，曾經把它們移到窗台曬，想著植物多曬一曬肯定是有幫助的，結果這一曬不得了，才一週，虎尾蘭那澎潤飽滿的肥葉竟然開始變皺，而黃金葛被直曬到那幾片葉子竟然頭也不回的直接焦掉。

每個植物喜歡的環境都不同，所以植物帶回家第一步就是要先查適合的養護環境，最好能看看植物的發源處，盡量創造跟原產地接近的環境。否則常常一到好天氣，就興致勃勃的把植物通通推去曬太陽，結果害植物曬傷或枯萎。

而你就是植物的死神，還想著自己果然就是黑手指啊，不要

／過度曝曬

手機裡有指南針的功能，可以看自家窗台屬於哪一個方位，就能間接判斷出日照強度。比如南面是日照最強的方位，如果剛好又放在太陽直射處，就非常容易曬傷。

再亂買植物，不要再殘害生命了。其實只要因材施教，找到適合的環境，綠手指只在一念之間。

跟著植物的特性移動位置，測試不同方位，直到找到適合的位置，就像是和每個人相處都有不同的眉角，需要時間觀察和調整，若能好好好用心歸納，和人交往的品質也會因此提升。

但耐陰植物，就喜歡陰嗎？要移到黑暗的角落嗎？其實不是。

「耐陰」是指放在陰暗處也可以活，但其實還是放在明亮散光處會比陰暗處長得好。

像是有些人的接受度較高，相對彈性好說話，對很多事情不怎麼計較，但並不代表喜歡被忽略或是可以被隨便對待，一旦累積太多失望點數後，會直接頭也不回的走人。

那些寬容，是「耐陰人」的溫柔，不是被踐踏的額度。

05

建立個人的
自我滋養地圖

有時家裡有靜止不動很久像是原地石化的植物，葉子長不大、有點發黃，有時甚至一年都沒長新葉，你都懷疑它是不是魂魄早已飛升上仙，只留肉身在凡間，此時大概就是需要施肥的時候到了。

這也是很多植友入坑前沒想過的事，都買土買盆了，沒想到還要買肥料！是的，植物也需要定期補充營養，才會健康茁壯。

長期為生活奮鬥衝刺慣了，匆忙奔赴的出門，又一身疲憊的回家，總是扛著筋疲力盡的狀態繼續撐著，沒有注意到燃料已經耗盡，已經很久沒有精神飽滿過了，那就是需要開始滋養自己的時刻了，有意識的給自己的身心靈都補充營養。

範圍太大，一時找不到切入點，可以思考看看自己在不同狀態時，當下最想做什麼事情？

不想出門的時候，就佈置整理家裡；想出門的時候，就去植物園。
不想動腦的時候，就聽音樂；想思考的時候，就寫作。
不想說話的時候，就畫畫；想說話的時候，就唱歌。
不想學習的時候，就冥想；想學習的時候，就看書。

慢慢的會遇到最喜歡的歌、最喜歡的書、最喜歡的生活器具，和有共鳴的人事物相遇，一步步建立起屬於個人的自我滋養地圖。

植物的氮磷鉀，就像人類的身心靈，各自有任務但又都不可或缺，選擇當下最需要的來補充，讓身體好好休息，讓心獲得釋放，讓靈魂重新歸位，滋養自己的精氣神。

／缺肥

植物營養最重要的三要素：氮、磷、鉀，分別對應的部位是：葉、花、根莖。肥料包裝
外面的三個數字就分別對應這三個養分，比如看到 25–5–20，依序分別是氮磷鉀的比例，
中間數字 5 是幫助開花的磷肥，比例較低，這包就是觀葉植物所需的肥料。

06

剛剛好的
努力最有效率

曾經太過於求好心切，不顧包裝上的稀釋比例，自顧自的亂調，導致濃度過高，讓根系燒傷，害植物掉葉、枯萎、焦邊、葉子畸形。原本活得好好的，卻因為我的急於求成，反而把一竿植物都推去死亡邊緣了。

這種沒效率的過度努力，也常發生在日常生活中。

過於完美主義而導致工作量大增，無法在期限內交出；太急著表現所以說錯話，造成雙方尷尬而後悔不已；攬下了不擅長的工作，又焦慮又吃力不討好。

害怕一旦停下來，就會失去證明自己的機會，所以過度付出，持續燃燒自己。別人以為你做得毫不費力，其實你已用盡全力，即使疲憊不堪也還是會表現出很可以的樣子，

讓自己一直處在壓力爆表的臨界點。

停！你的努力需要稀釋！

當努力的濃度超標時，只會讓自己受傷，而每個人可以負擔的濃度都不一樣，只有你能拿捏比例，及時的保護自己的能量。

不要忘記身邊還有很多值得珍惜的人事物，過渡消耗自己會無法享受那些美好，容易把疲累轉換成負能量帶給周圍的人。

工作、人際關係、生活，都不要超過負荷，留點餘裕給自己，有空隙可以喘息，建立一套剛剛好的日常，認真之餘也要保有內心的自在空間，才能穩穩的前進。

不過度也不鬆懈，剛剛好的努力，最有效率。

／肥傷

植物的肥料有分固態跟液態。固態的顆粒緩釋肥，只要撒在土壤裡，每次澆水時跟水分接觸後會慢慢地釋放養分，每三個月撒一次。而液態肥料是加水稀釋過後就能開始澆了，植物也會立刻獲得養分，效果比較快速，每週澆一次。

07

有時，
放棄也是一種選項

植物養護過程中總會遇過蟲害，像是薊馬、紅蜘蛛、蚜蟲等等，因為蟲體太過細小，初期不易察覺，只是葉子開始長得怪怪的，等到擴散繁殖後，植物通常都已經有明顯的黃斑或詭異的醜態。

一開始總是抱著希望，所以認真清洗、噴油、換土、增加濕度，再跟其他植物隔離。但常常會發現怎麼過一陣子春風吹又生，其他植物又被感染，又緊急處理加隔離，然後又發現另一盆有蟲，沒完沒了……。每次一看到葉子又出現蟲就像是抽籤抽到大凶，內心被棍棒一個重捶。

其實，有時候病蟲害太嚴重時，放棄也是一個很棒的選項，不然傳染給其他植物更是無止盡的輪迴下去，永世不得超生。

／蟲害

自製天然的驅蟲聖水：植物油（例如：葵花油或苦楝油）10c.c ＋ 洗碗精按壓兩下 ＋ １公升的水，混合搖晃均勻，噴在葉子正面及背面，一週噴一次，可以降低害蟲活躍的情形。

像是一種有毒的關係，不是劇毒，而是在日常生活中一點一滴的侵蝕身心，不易察覺但會讓你默默的被影響。

比如反駁型人格、愛潑冷水的人、把諷刺當幽默的人、自己不想努力所以就想拉別人下水、泡在軟爛的角落裡還誤以為是在及時行樂的人。

涉世未深時容易被動搖，甚至覺得有道理，讓你不知不覺變成全身都是刺還沾沾自喜，眼高手低，把別人的成功都歸因於運氣好，全然不知已浸泡在負面循環裡。

並不是所有的關係都值得努力，如果無法一起前進，就及時止損的放棄吧。

人際關係的排毒後，你會發現世界還是一樣運轉，內心無比放鬆，脫離了無形的壓力，那種海闊天空的感覺，甚至會讓你後悔「當初為何不早點放棄呢？」

08

讓自己先動起來，
才有機會脫離現狀

當植物生長到一個階段，盆裡的根系爆滿，纏繞得密密麻麻，代表盆太小，需要換一個大一點的盆了。若一直放任不管，根系沒有生長空間，葉子會越來越小、開始黃葉、生長緩慢，有些甚至還會不開花。

如同在一個地方待久了，習慣了運作模式，生活跟工作沒有太大變化，一切好像都滿順利的，過得也算是舒適，但心情就是有種悶悶的感覺，說不出的無力感。

要說有煩惱的話，好像也沒什麼具體的事件發生，有時跟朋友說出這個現象時，可能還會獲得「你想太多了」的結論。

生活在原地踏步了許久，看似維持現狀，其實是在慢慢萎縮，因為沒有生長空間，只能在有限的環境下求生存，沒有

新的目標可以擴大舒適圈，連嘗試跟犯錯的機會都沒有，自然也就沒有所謂的能力提升。

於是漸漸鬆懈、敷衍，既沒有認真打磨能力，也沒有繼續探索自己的其他可能性，只是在尚可接受的範圍內等待奇蹟降臨，時間久了連你自己都騙過自己了，認為自己只能做到這個程度。

因為敷衍，所以成長曲線停止，像是遊戲裡的非玩家角色，在同樣的場景出現、說同樣的話，一天跟一年都長得一樣。

是時候給自己新的挑戰了！

尋找新的生活目標、發展新的興趣、加入新的朋友圈，甚至，換一個新的國家生活，都能讓你限縮的視野獲得舒展。只要是能讓自己感覺有活力、內心充滿興奮的選項，就是一個好的開始。

不需要追求完美，也不用一步到位，讓自己先動起來，才有機會脫離現狀。

／盆太小
換盆時機：只要看到盆底有竄出來的根，且脫盆後根系大量纏繞，就可以換盆了。

09

以終為始，
走得踏實

給植物換盆時，以一般人的居家環境來說，都會覺得是個大工程。

各種土壤介質的袋子搬出來，混合成想要的比例、植物脫盆時撒出來的土，以上各種塵土飛揚的混亂出現在家裡，總讓人覺得換盆需要選一個體力好的良辰吉日再來處理的事。

於是會想著那乾脆直接換一個更大一點的盆，有超多空間生長就可以延長下次面對環境髒亂的時間。懶人心態的我就曾經直接換了過大的尺寸。結果，根系量跟盆的比例不對，導致根系無法密集生長，此時只要水一多就容易爛根。

有過慘痛經驗才知道，要循序漸進的換盆，慢慢讓植物的根系擴展，才能發展健全。

／盆太大

換新盆時，尺寸只要比原來的盆大個 1 ～ 2 吋即可。

如同目標設定太大時，很容易打擊到暫時還看不到成果的你，那種不切實際的感覺讓人找不到施力點，好像永遠都在仰望星空般的遙遠，容易自我懷疑，是不是不適合？是不是太弱了，是不是選錯賽道了？

以終為始，先問自己：

我想要的理想生活是什麼？
我想成為怎樣的人？
我理想中的自己長怎樣？

有了終點藍圖後，再回推想要的目標、想做的事，把大目標再拆分為更小的目標，拆到現在立刻能做的最小單位為止。

在現有的空間裡打好基礎，先把能伸展的能力範圍鞏固好，完成階段性小目標後再擴大舒適圈，像是在換盆一樣，不要急，一步一步進階，在每一階段都確實成長，穩穩的扎根，如此循環下去。

先選擇，再努力，開發出新的路，再選擇，再繼續努力。

人生就是這樣的螺旋向上的過程，用充實的體驗一步一步升級。

10

「知道」跟「做到」之間

在踏進植物世界之前，對濕度完全沒有概念，也不知道原來對植物的影響這麼大，輕則生長緩慢，重則葉子發黃焦邊。原本還半信半疑，直到實驗過家裡的圓葉花燭、觀音蓮、竹芋，都在提高濕度後的幾天內，竟然立刻發新芽，才讓我正視濕度的影響。

早知道一開始就聽勸的話該有多好，就不用走那麼多冤枉路了，但人生有太多的早知道，經由別人口中說出來時，都無法真的聽進去，因為在「知道」跟「做到」之間，常常需要自己走過一次過程，經歷過那些痛點後，才真的願意改變，也正因為痛過，從挫折中體會到的那些領悟才是自己的。

人生中總有某些關卡，好像一直破不了關。明明換了一批人，也換了環境，看似際遇輾轉更迭，卻帶來同樣討厭的情境，陷入同樣無奈的迴圈，像命中注定一樣的無限輪迴。

其實源自於，我們每個大大小小的選擇都在創造命運。

選擇這樣的人，選擇那樣的工作；選擇這樣的相信，選擇那樣的否定。這些選擇會影響你的行為，重複這個行為後變成一種習慣，而習慣久了就變成一種生活方式，不知不覺以為這就是命運。

每一次看似情境已經翻篇，但自己依然帶著某種慣性跟信念繼續向前走，當然會再度吸引同類型的問題來到身邊。也許是因為未知所產生的成見，或者是不願意接受自己的某一面，又或許其實就只是自己懶得改變而已。

不管是哪一種，最重要的都是看見自己在這其中重複的課題是什麼？那些事件的共通點？下次遇到同樣的問題能怎樣改變？

鬆動固執的心態，允許事情彈性，才有改善的機會。而往往就是在那一刻決定接受且做出改變的瞬間，頻率就跟著改變了，吸引來的人事物也會開始不同，因為課題已經解鎖，就不需要再次經歷相同的事件了。

／濕度不夠

有些植物對濕度的要求比較高,也相對敏感,若是家裡環境濕度太低,就需要有加濕機輔助,提高溼度,植物才能順利生長。

11

有一種慢
是為了帶來重生

有些植物在溫度較低的秋冬時期會冬眠，葉子陸續枯萎，看起來整盆死光沒救了，比如彩葉芋。相較其他一年四季都健在的觀葉植物，這類會冬眠的植物會在人類的視野中消失一段時間，好像從此在江湖上銷聲匿跡般的歸隱山林。

但是在它們冒出新芽的時候，人們就知道春天來了。一片一片啵啵啵的狂長，名為冬眠村的村民集體復活了，一片接著一片的冒出來，每天都肉眼可見的成長，就像是村民們在歡慶豐收一樣，超級熱鬧。

植物有自己的季節，人也是。

在某個時期就是感覺特別脆弱，對生活失去熱情，內在外在一團亂，好像只要有人稍微問一句「你還好嗎？」就能眼淚失守。

／冬眠

冬眠的球根植物可以剪掉枯萎的葉子，將球根收納好，等春天來臨時再種進土裡等待發芽就可以了。

也許是你的冬眠時間到了，該讓自己好好休息一下了。

每個人的人生任務都不一樣，有人的人生是一年四季都在營業的龜背芋，有人是會冬眠的彩葉芋，看著龜背芋霸氣展示自己的翠綠，卻著急自己怎麼還埋在土裡沒發芽，其實這是能量配置的不同，而不是能力的問題。

有人很早知道自己的熱情所在，有人則是一路彎彎繞繞才找到落腳之處，都有各自美妙的風景。

在屬於你的季節到來之前，沉澱自己的狀態，儲存能量，享受這個花開花落的過程，走在自己的節奏裡。

12

有些人事物的離開，
沒有為什麼，只是時候到了

有一種葉子發黃的原因則是「時候到了」。

因為進入秋天而黃葉、或是最下面的老葉已經完成使命要離開了，都是一種自然的耗葉，符合生命循環的機制，就放心的讓它們走完這最後一段旅程。

人生，有些人事物的離開，沒有為什麼，只是時候到了。

突然消失的家人、突然離世的寵物、突然不告而別的伴侶。走著走著就走散了，像是手中原本握著的風箏線，在收線後才發現風箏怎麼不見了。

心中有十萬個為什麼，卻只能像浮萍一樣漂流。心中有一部分突然空了，那份不習慣產生了思念，而找不到答案時就越

執著在其中，變成一個心結。

有時候，相遇的意義就在於相遇，彼此的交集就是互相陪伴走過一段時間，創造當下的各種火花，一起走過某個課題的修煉，或者是一個階段的陪伴，而其中最大的任務就是學會接受生離死別的常態，任務完成後，又各自開啟新的篇章。

像是在同一棵樹上的葉子，一起經歷冬天的儲備、春天的發芽、夏天的成長，有歡笑有淚水，一起看過不同風景後，來到秋天，生命的進程來到盡頭，各自有不同的進度，你先走一步，我後來跟上，未來再以不同的生命形式相遇。

悄無聲息的塵埃落定，見證彼此的起落，曾經存在過的事實是抹滅不了的。

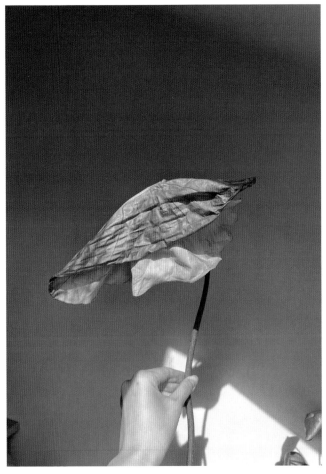

／自然耗葉

消逝的落葉可以夾進厚書本裡，過一陣子再拿出來就是一片美麗的書籤了。

13

幸福不用向外求，
一直都在你心中

如同植物長不好有各種綜合因素，逐一調整改善後，能讓
植物更接近理想的狀態。現在換你了，你知道自己缺了什
麼嗎？

缺光給自己補光，缺水給自己加水，缺肥給自己滋養，好好
認識自己，把自己當作一座花園，設計自己喜歡的風格。

想想這個花園的色系定調是優雅氣派的莊園？還是自由奔放
的鄉村田園？偏好極簡還是極繁？著重實用性還是觀賞性？

偶爾去別人家的花園參觀學習，但也別忘了這是你的花園，
要負責灌溉整頓，因為終究這個世界是你自己創造出來的，
只有你能賦予意義。也正是因為你投入的那些時間，讓你所
經歷的都變得特別，是一趟只有你跟自己的旅程，沒人能代

替你去找到那些屬於你的感受跟歷程。

這樣一步一步認識自己，雖然很花時間，但每一步都走在自己的幸福點上，每個幸福點串聯起來就變成自己的幸福路了。如同有植物的日子又忙又快樂，一堆眉眉角角要注意，但習慣之後就完全融入生活之中了，而植物回報給你的就是一片接著一片讓人舒心的綠意。

走著走著，某一天會發現，原來你已經走了這麼遠，累積了這麼多經驗，無形之中已經蛻變，從內心長出自己的力量了。

於是知道，幸福不用向外求，一直都在你心中。

養好植物的關鍵是對植物好奇，了解其特性，創造適合的環境。而過好這一生的
關鍵也同樣是對自己產生好奇，了解自己的特性，創造適合自己的環境。

植 物 教 會 我 的 事

自我覺察

自己改變了，世界就改變了。

01

被植物需要的
感覺拯救了我

進入植物坑之後，出遠門變成一件需要擔心的事，不能澆水
的時候怎麼辦？門窗緊閉不通風怎麼辦？萬一氣溫突然升高
全部被悶死怎麼辦？

我這種出遠門的行李都最後幾小時才在打包的人，卻在植物
身上未雨綢繆起來，彷彿一家老小的重擔都在我身上，我若
不安排，沒人替我堅強。也突然意識到，如果不是我，又有
誰會照顧他們？

對我而言，家裡的每一盆植物就像是眾多嬪妃中的一位，
但對植物而言，它們只有我，全都指望我一人，需要我的
灌溉、施肥、整理，這種唯一感，少了我就不行的被需要
感，能扭轉乾坤改變命運的救世主感，讓我感覺自己似乎
開始重要起來，原來有些事情是我可以掌握的，我的決定

可以影響植物的一生。

我就是全村的希望，我就是這個家裡對植物最好的人。

認真照顧一段時間後，我開始掌握到每盆植物的個性，知道她們大概有什麼需求，也能夠適時適地的給予。漸漸的，我好像開始稍微懂一點關於植物的基本，不再只是憑感覺在照顧，買植物時不會再問老闆要幾天澆一次水了，而是根據介質比例跟家裡環境決定。也不會在天氣晴朗的時候全部都推去曬太陽了，而是看每個植物對光的需求跟反應。

好像，開始有那麼一點樣子了，內心也似乎慢慢長出了一點什麼。或許是生活有一個重心的落地感，或許是解鎖一個新領域的成就感，不管內心正在滋長的是什麼，都是一股讓我感覺到向上的力量，事情正在變好，生活風格正在形成，內心的自信正在增長。

讓我在日照時數極低的瑞典秋冬有了一點盼頭，即使因為黑暗而沒有活力，但想到植物還活著，我不能就這樣廢下去。

摸摸土，看看葉子，檢查根系，連帶的就帶動我順便做一點家務跟小雜事，讓一坨爛泥的狀態不至於更爛，就這樣一路平安到春天來臨，柳暗花明，度過憂鬱危機。

前期的我認為自己是植物的救世主，到了後期才發現，是植物幫我注入希望跟活力，其實根本是植物拯救了我啊。

02

「我可以」跟
「我喜歡」的區別

從小看到比較害羞內向的親戚被大人說：「這麼害羞的小孩，以後出社會怎麼辦？」，在學校裡也總是比較擅長表達的同學更受矚目，於是我自動輸入「在社會上吃得開的就是主動大方又熱情的人」這樣的設定。

相較於真正害羞內向人，可能我多了一點「敢」的成份，會對自己感興趣的事情舉手發問，會參加演講比賽，也不會害怕社交場合。遇到空氣突然安靜的時刻總是覺得我有責任說點什麼，活絡一下氣氛，只要一遇到人，我的腦子就不停的轉，一直在想話題，想表現出自己是好相處的人，想當那個可以照顧大家的人，於是在社交場合我看起來好像算是活潑主動的。

但是漸漸的有注意到，每次聚會完都會有種被消耗的感覺，

很累的掏空感，卻又不知道該怎麼消化，不知不覺就以這樣的角色跟內在設定長大了。

疫情期間突然有好長的日子都不用跟人接觸，再也不用去想要當那個掌控流程的人了，感覺好自在。也很驚訝，原來可以不用這麼頻繁的社交，原來可以自己一個人安靜待著，世界一樣照常運轉，也並非只有反應快又能談笑風生的人才能在社交場合感覺到開心，我也可以是聆聽周圍的人，觀察眾生，享受在一群人當中的寧靜時刻。

原來，我是可以外向的人，但並不喜歡外向。

每個人適合的社交方式不一樣，有人能從社交中獲得能量，有人反而是被消耗能量。意識到「可以」跟「喜歡」之間的區別之後，我的內心有了很大的變化。

開始練習放掉很多不屬於我的部分，不用再去想著要開啟話題，當一個接話的人也可以是很棒的交流。甚至我不再有填滿對話的壓力了，讓彼此之間的相處多一點思考的時間，往

往都是在這種沉澱過後的對話更有力量，更值得回味。

或許我喜歡上觀葉植物的其中一個原因是，我其實很羨慕植物的狀態，可以安心的以自己的生長方式前進，周圍的其他植物來來去去都不影響其生命的目的，該發芽時就發芽，該掉葉時就掉葉，比起鮮花的絢爛奪目，我更喜歡當襯托跟安靜的綠葉角色。

03

心中的淨土

植物帶來了療癒，但是實際上療癒了什麼？既然有療癒，就代表有傷口，那傷口在哪裡？

傷口太多了，大至一個毀滅性的創傷事件，小至一個眼神，大大小小的在我們與他人互動之間，有意識的、無意識的，也別忘記我們在被傷害的同時，也一定曾經傷害過別人。

小時候有一次跟我媽去買便當，我一直選不出來要烤雞還是烤鴨，選了烤雞後，老闆娘包好便當，我又反悔了，我想要吃烤鴨，老闆娘人很好的又幫我換了，但我媽不開心了，覺得我選好久拿不定主意最後還要換，人家便當店晚餐時間很多人在等，這樣太沒禮貌。

忘了為什麼我突然大哭，我媽說：「妳再哭就把妳丟在這。」

天啊！我媽是不是沒當過小孩啊，這培養起來的情緒跟眼淚怎麼可能一下子收回去啊，我不知道怎麼樣才可以不哭，我媽覺得我就是不聽話，所以真的騎著機車走了，留下滿是淚水又傻眼的我。

內心驚恐著「不是吧！我媽真的丟下我了！」，別忘了我們是出來買便當的，煮熟的鴨子就這樣飛走了！

當然我媽後來有騎回來載我，但大概也是那一次開始意識到，我是有可能會被拋棄的！買好的便當可以突然就吃不到了！一轉頭也可能沒人在等我！也許就只是那幾十分鐘「無根」的感覺，就深深刻進了細胞中，變成心裡某部分的不安全感。

而植物給我一種靜物的守候感，不管我多慢多拖拉，狀態好還是不好，它們始終在原地，像是一個溫暖的夥伴，隨時會等我。

在植物面前我可以安心的按照自己的步調來，不用處處周全，有一塊安心的角落可以自由嶄露情緒，做最真實的

自己。那股強大的包容跟自由感，我想那是種被接納吧！

不管你怎樣，我都一樣愛你，來自植物無條件的愛，療癒了許多不安，於是植物變成我心中的淨土，能穩穩的接住我，提醒我回到自己。

在這之中也包含了，當你認真投入一件事情時，會忘記時間，全然且純粹的擁有自由，那是進入心流後所帶來的療癒，寄生在植物身上的力量。

04

放掉我不能控制的，
專注在我現在能做的

每次看到商場裡或別人家窗邊垂死的植物都會內心嘀咕「可以派人來照顧一下植物嗎？」、「都沒有一點責任心嗎？」一副植物糾察隊的姿態，拍下植物的慘狀搭配植物求救的對話框，和植友們調侃著植物悲慘的命運，也開始思考如果是我的話要怎麼搶救。

「鏡面草葉面太捲應該是水澆太多。」「龜背芋葉片疲軟應該是缺光。」

腦中想了很多可能性，找到某一個合理的解釋後又推敲著有沒有另一個可能，但其實別人家的光照時數，水分多寡，有無施肥等等，我都不知道，像瞎子摸象一樣，只憑一個表象去推斷整體，終究是不實際。

因此，與其用自己有限的知識跟經驗去挑剔別人家植物的慘狀，不如把心思放在照顧自家植物上吧。

人與人之間也是一樣，看到別人的行為不符合自己的想法，以一種過來人的姿態，理直氣壯的搬出「我是為你好」這塊大匾額，橫掛在兩人之間，用來當作越界跟口無遮攔的免死金牌。而有些人則是會技巧高超的隱蔽殺氣，等待時機說上一句檢討對方的話，還附上一句「只是個人意見，給你參考」。

別忘了每個人的課題都不同，你覺得理所當然、跟呼吸一樣簡單的事，也許對別人來說光是踏出第一步就已經是內心千迴百轉後才有的勇氣。

尊重每個人成長的步伐和改變的意願，也是在放過自己，對於外在的人事物有太多的執著時，別人在吃麵，你在喊燒，不知不覺間，成為那種「對別人如何改進可以講出一朵花來，但對自己的人生卻毫無辦法」的人，本末倒置，忘了人生終究是自己創造出來的。

都放下吧！ 你有你的人生，他有他的選擇。當自己的糾察隊就好，放下那些你無法控制的事，放下跟你無關的事，集中心力，專注在現在能做的事上。

05

你就是你，
不管別人怎麼看你

「雜草」在瑞典語裡是個有趣的單字，ogräs。

拆解這個字，字首的 o 是代表否定意味「不、無、沒有」
的意思，gräs 是「草」的意思。「草」的否定竟然變成「雜
草」，這似草又非草的設定，好像有一種邊界模糊的美感，
開放給人類自己去定義。

所以說起來，雜草之所以是雜草，其實取決於人類需不需要
它，以及有沒有發現它的優點。如果覺得漂亮就可以留下，
覺得影響花園其他作物就刪除。

但是，雜草本身知道自己被歸類到雜草嗎？

雜草只是個虛名，是人類狹隘視角裡的定義，它本身就只是

好好活著的植物，過著自己的小日子，外界的評價都是浮雲般的路過，沒有實質的影響。

從種子時期隨風飄落，找到安身立命的立足之地，落地生根，開始發芽，長出新葉，綻放花朵，開始結籽，那些種子又再度隨風飄落，繼續各自的循環之旅。自始至終，雜草是別人在說的，它一直都是它自己，專注在自己的生命歷程。

有時人在某些階段不知為何就被世俗框架影響了。

因為周圍的人都成家立業了，於是到了適婚年齡就也跟著趕緊步入婚姻；因為害怕親友眼光而不敢結束痛苦的婚姻；因為別人說你能力不足而不敢跨出舒適圈；因為怕丟臉而不敢放棄已經經營不下去的事業。

其實那些所謂的「應該」、「正常」，都沒有一定的標準，放下那些不屬於自己的信念，你自己如何看自己才是最重要的。

你喜歡現在的自己嗎？重視自己內心真實的感受，你就是你，不管別人怎麼看你。

／

在歐洲的傳說中，只要在仲夏節這一天採集七朵花放在枕頭下，仙子就能讓你在夢中看到命中註定的另一半。當年我小心翼翼的照著做，結果直接失眠到天亮，也許是仙子認為以我的個性還是自己去探索比較有趣吧。（攤手）

06

自己改變了，
世界就改變了

植物進入生活中後，外出散步變得豐富起來，突然感覺到處
都好美，好多小細節可以觀察。原本家裡附近大概十分鐘就
能走完一圈的小森林，因為能欣賞的東西變多了，每一次散
步都變成一趟至少半小時起跳的生態探索。

觀察這一帶的植物分佈，有紫色杜鵑花、接骨木花、楓樹和
樺樹、圍著小湖生長的水生植物、長得像熱狗的香浦。有一
大片的綠地所以附近的人常在這裡遛狗，還有一群鴨子住在
這個湖，偶爾會有貓跑過來討摸。

而有時在自己很安靜又冷清的孤獨視角中，突然有大自然的
驚喜闖入。

「剛好飛進拍照構圖中的鳥，像是也想參與我一樣。」

「湖面上靈動的水波紋，倒映出夕陽跟樹影，彷彿有結界一般，在水裡也創造了一個世界。」

「被風一吹就集體翻葉搖擺的樹葉，很像在歡迎我們的到來，也許這是大自然打招呼的方式。」

「偶爾會被草叢裡的香菇可愛到，矮矮小小的，想像自己如果比香菇還小的話就能在香菇底下坐著乘涼。」

「秋天，撿松果，撿樹葉，撿好多大自然消逝的美。」

突然意識到，以前散步比較偏向是出來活動一下筋骨，呼吸新鮮空氣，偏向實用性。現在則是變成了發現大自然的美，欣賞周圍的的一景一木，直接往觀賞性偏去了。

但其實小森林還是同一個小森林，美景一直都在，只是我變了，看到的世界也就跟著變了，突然看到好多以前沒注意過的景象，挖掘了好多新樂趣。

就像是有一頭綠色大象站在你後面，這麼特別的畫面，但你一直沒看到，那綠色大象究竟是存在還是不存在呢？

自己關注的事物會被放大，於是關注什麼就變得很重要，能讓自己瞬間切換到另一個世界的超能力，就是更新自己的視角。

自己改變了，世界就跟著改變了。

07

先解決情緒，
再解決問題

記得有一次，看到家人的訊息後怒火中燒，在腦中想出一大串內容要嗆回去，但又突然想到每次都是一嗆回去就沒完沒了，時間都消耗在這些辯論上，而且大部分時間都是在互丟情緒，並沒有實質的有效溝通。更嚴重的是心情會被影響好久，即使幾年後回想到過去家人的某一句話，心裡還是會感覺到有刺痛感。

那天的我就這樣算了，不管這些了，錯失回嗆的黃金時間就算了，先來看看植物壓壓驚。

看到水培三個月的鏡面草已經長了好多根，今天就來把它種進土裡入土為安吧；土都搬出來了，乾脆來檢查看看有沒有植物需要換盆換土的；換完一波土再把幾盆需要澆水的搬到浴室沖個澡吧！

農活也才進行半小時，突然內心那股怒的感覺好像消失了，這是所謂的「放下屠刀，立地成佛」嗎？放下那個想屠的念頭，內心竟然就恢復平靜了。

之後幾次在情緒上來時，一點就著火的瞬間，先去看植物，回來後再看訊息，心境竟然完全轉變了。有一個可以落地的點，有一個可以轉移心念的目標，讓自己的思緒沉澱一下，讓子彈飛一會，再回來觀看這個念頭，真的可以消除了不少雜念。

因為在盛怒跟衝動之下往往會用最傷人的話來自我保護，且非常容易事後後悔。因此，先解決情緒，再解決問題，讓自己的狀態先冷靜下來才有機會進行有效的溝通，避免再度新增傷痕。

有時更進一步問自己「為什麼會對這句話有情緒？」

自我對話的過程中，有時能在對方身上看到自己的影子，有時能看到自己內心的脆弱，有時甚至再認真看一遍訊息

會發現根本是自己讀錯意思了。

而在情緒波動中，轉移目標去整理的植物們，像是見證了這些化解戰火的歷史性時刻，一路看著我長大，一種「我陪你一起冷靜下來」的義氣，帶我走過情緒關卡。

08

對喜歡的
事全力以赴

中學時期的我常常參加校際的台語演講比賽，有一次，背得
滾瓜爛熟的稿子，到了台上，我自負的以為我能自動駕駛，
於是一個分神，看向評審，我突然忘詞了，呆在台上回想了
好久，突然看到台下我爸，正在搖頭，像是在說，完蛋了，
撿角了，沒救了。

那一瞬間的畫面，一直記著。

還有一次鋼琴檢定的曲子，已經到了閉上眼都能隨便彈出來
的地步，但到了檢定現場，彈一彈突然卡住，我忘記了。回
到家更是將鋼琴教室送的小禮物直接丟掉。表面上是賭氣，
實際內心想的是因為我表現不好，所以才拿到我不想要的禮
物而不是檢定證書。

似乎因此奠定了「就算用盡全力也可能會失敗」的恐懼，以至於成長過程中幾乎對所有事情都漫不經心，不敢全力以赴，好像要保持距離，隔著一種疏離感，這樣我才是安全的。

因為害怕認真努力過後發現自己真的不行，那不如一開始就保留一點力氣，讓自己在事情不順利時還有台階下，但也因此我總是有種學藝不精的半調子感覺，也體會不到將一個領域深挖後的成就感。

但在進入植物的世界後，沒在管這件事情投入的成本是否符合經濟效益，就只是很自然的順著內心的好奇去找答案，找不到答案就自己實驗，時間一長還獲得了一個「對植物很有耐心」的印象。

那些整理植物時進入心流的投入感、解鎖新領域的成就感，還有更重要的是生命中出現一個新事物所注入的活力，都是全力以赴後帶來的快樂。

一路探索前進，不知不覺中，我好像扭轉了創傷記憶，

忘記了「我要保留力氣」的內在設定了。

那種投入的快樂，小時候曾經有過，但在成長過程中遺失，現在人到中年再度找回來，也療癒了內在小孩當年一個人在台上面對失敗的陰影。

09

先看見，
就是改變的開始

每日的巡田水日常，是一種安心感。

看看今天有誰缺水、有沒有人需要補光、有沒有人需要補濕度，簡單巡邏一圈，像是在跟植物們開會一樣，確認每個部門的問題都有被呈上並安排日程解決。

也會開始思考給植物搭配盆器。陶盆透氣簡約；透明盆可以直接看到根系生長好有趣；藤編籃子可以營造天然的鄉村風；偶爾也想有可愛的造型盆；也要選擇和家具色系相融的色調。從植物延伸到傢俱，再延伸到居家佈置，再延伸到攝影，再延伸到音樂......。

一路延續跟調整，漸漸找到歸屬感跟創造的施力點。而每一個小小觸角的延伸，漸漸擴張了我的邊界，能力也有所提

升，日子也跟著變得豐富起來。

仔細想想，既然對植物有一套開會流程，那對我自己呢？好像從來沒有對自己細緻的望聞問切，甚至大多時候對別人的問題很熱心想解決，但對自己的問題則是能拖就拖。

決定試試每天早上起床後要先有十分鐘的自我開會時間，練習照顧自己的需求。

「今天心情跟身體感覺怎麼樣？」
「今天想創造怎樣的一天？」
「想過怎麼的生活？」

從簡單的自我問候，向內看，開始記錄自己的思考觀察，開始寫感恩日記，延伸到自由書寫。

不知不覺中，那些微習慣為我建立了一套屬於自己的早晨儀式，讓我變得更平靜，穩定的踏實感，也因為更了解自己而產生自信。尤其在想通一個問題的瞬間，身心舒暢，那些「原

來如此」的頓悟感，太快樂了。

也延伸到照顧自己的其他面向，飲食、睡眠、呼吸等，跟著四季節奏，跟著每天的日常。

人生中大部分開始感覺變好的契機絕對不是一夜之間形成的，面對困境，我們當下能做到的，常常就是一點點而已，從很微小的改變，慢慢累積起來，而正是那些一點一滴，每天都在做的事情，決定我們會成為怎樣的人。

一天十分鐘，跟自己開會的黃金時間，簡單神聖。

只要能先看見，就是改變的開始。

10

關鍵是
那些你沒做的事

養植物的人大概都經歷過，卯起來認真照顧植物卻一直死掉，放養後竟然長得更好，困惑自己究竟在瞎忙什麼的時期。

來瑞典生活的第二年開始，男友被診斷出有憂鬱症。

對生活失去活力跟興趣，每天像是被烏雲籠罩，走到哪都有一層灰濛濛的霧。頭痛、胸悶、無法呼吸、手腳麻痺、失眠、無法專注，甚至最嚴重時會毆打自己的頭，因為想製造出疼痛逃離那些檢查不出來原因的病痛。

於是我開始找各種療法想幫助他，他也認真吃藥、看心理諮商，努力讓自己在短時間內能盡快康復。但因為太想要趕快好起來，只要烏雲一天沒散去，就覺得今天又是失敗的一天。

而當時的我剛到新環境生活，根基不穩，把生活重心都放在解決他人的問題上，是最容易失去自我的時候。而當自己消失了，也就失去了扎根的力量，無法提供穩定的支持，生活失去平衡，就跟著一起溺水了。

這就樣，雙方都在極度緊繃的狀態下生活，日復一日的惡性循環，更有一種愧疚感在心中滋生。

他認為是自己的憂鬱害身邊的人都無法快樂，害怕自己的烏雲會飄到其他人頭上；而我慚愧於看著他很痛苦，竟然沒辦法實質的幫上忙。

意識到生活已經在谷底之中好一段時間後，我們開始調整心態，既然這是長期抗戰，就需要一步一步慢慢來，盡力之後就不強求結果，雙方都放下那個想「快點好起來」的念頭，允許自己跌倒了就在原地先躺一下。

他不再每天盯著自己的進度，不再用力抵抗身體的痛苦，接受自己的狀態；我也適度的抽離情緒，不再把對方的痛苦扛

在身上，不再把降低憂鬱指數當作我的績效指標在努力。

接受我們其實也只是平凡的人，我們都有無能為力的時候。

漸漸的，他身體的疼痛減少了，烏雲好像散去了，即使偶爾還是會掉進黑洞，但已經離當初的谷底很遠了，又再一次能感受生活，元神歸位了。

也許，當努力到一個程度時，關鍵不是再多做什麼，而是那些你沒做的事。

11

放棄不可惜，
配合世俗眼光活著才是真正的可惜

我媽一直都是養龜背芋的高手，幾年前送她一盆小小的龜背芋，才一年光景就熱鬧的開枝散葉，還分株給好多鄰居友人。後來一路狂長到超級巨葉，目測應該有 60 公分，前途一片光明，我超級期待這株的未來長勢。

回台灣時，興沖沖的跑去陽台，想一睹巨葉的盧山真面目，原地旋轉好幾圈都找不到她的身影，追問下才知道我媽竟然把它剪掉了……。

越長越巨大的葉子，占據太多空間，她其實頗為困擾。比起雨傘般的的巨葉，更喜歡小巧可愛的葉型，於是一路修剪，把大片葉子都剪下來當插花，維持原本的小葉狀態。

天啊！好羨慕我媽有這麼奢侈的煩惱！

於是脫口而出：「如果我是妳的話，一定會留下巨葉讓它繼續長更大葉」，那麼大的美葉，怎麼捨得剪掉！沉浸在這個不理解的情緒中幾秒後反思，為什麼我認為美的東西別人也要認同？我是否也帶著自己的框架在評斷別人？

而這個「如果我是你的話」的句型，其實某種程度上也是變相的在置入自己的觀念，尤其自己站在主流觀點時，甚至會認為全世界都應該這樣想才對。再進一步思考，自以為是主流的觀點，會不會只是同溫層太厚所產生的錯覺？

我不自覺的落入「越大越美，越美就越成功」的框架。

一樣都是龜背芋，有人喜歡成熟肥美的巨葉，也一定有人喜歡秀氣可愛的幼葉。

不管在旁人眼裡有多珍貴，自己沒感覺的人事物，就不是歸宿，不需要因為別人的喜好而假裝自己也是同一國。練習分辨真正喜愛的，照自己的方式取捨，當自己的守護者。

因為，放棄不可惜，配合世俗眼光活著才是真正的可惜。

　　　　　　　　PART 02　植物教會我的事

／
如果有一天，當人類比植物還要小，
能輕盈的在每一片葉子之間跳躍穿梭，
能睡在花苞裡，
能用葉子當小船，
能躺在苔蘚上，
應該會很有趣的人生版本。

12

自己的
滿意度才是真實的

大自然之所以美麗，是因為每朵花、每個植物，都專注在自己，自由生長，各自綻放，不會有比較心態，也不會看著其他生物而自卑，沒有想競爭，更沒有人生勝利組的概念。

也因此大家都能在這豐富的植物世界中找到自己的意中人。有人最喜歡竹芋，有人最喜歡蔓綠絨，甚至同一種植物，有人喜歡龜背芋肥大壯碩的裂葉，也有人喜歡她小時候秀氣的愛心形狀。

那為什麼人類世界無法？

因為太自由會讓人恐慌，脫離軌道會讓人感覺危險，於是習慣參考前人的成功模板，把一代一代傳下來的期望或多或少的沾黏在身上，誤以為要獲得他人的肯定才能幸福，做一件

事要身邊的人支持才安心，選工作要符合社會期待，於是活成了別人的樣子。

「雪崩的時候，沒有一片小雪花是無辜的。」

別忘了，我們也身在其中，其實我們也是那個「別人」，我們也是那個「他人的眼光」，我們也存在這個共犯結構下。

我們被他人影響，無形之中也在影響他人，於是有了一種默認的社會氛圍，禁錮著彼此，誤以為自己是受害者，其實每個人在這其中都有參與。

而自我覺察的路上就像是把沉重的後背包打開，把裡面一顆一顆的石頭拿出來看，發現我怎麼撿了這麼多不想要的石頭，從小撿到大的錯誤信念跟社會框架，還一路負重前行，誤以為這樣就是吃得苦中苦，因為有想成為人上人的妄念。

突然發現，我曾經以為的我，其實並不是我。

我以為我是外向的人，但其實我自己一個人更自在；我以為我想追求榮華富貴，但其實我只想被喜歡的人事物包圍；我以為我喜歡繁華熱鬧，但我更想住在鄉下自己種菜。

一一檢視，丟掉那些不是自己的樣貌，抖落一身灰，背包越來越輕，腳步越來越輕盈。

才發現，原來可以不費力的前進，用自己的步伐，不用照別人的標準，找到更符合需求的人生目標，因為自己內心的滿意度才是真實的。

所以，你想要的是「看起來很幸福」，還是想要「真的過得很幸福」？

人際關係

人和人之間，前半生用來認識自己，後半生用來找到同伴。

01

有意識的
選擇朋友

遇到植物後，第一個讓我有實質改變的，就是對友誼的認知。

因為喜歡植物而開創了植物帳號，讓我發現原來有這麼多人喜歡植物，而且植物的世界好大，不是只有超市那些品種，有好多都美到讓我對著手機驚嘆，比如大麥克蔓綠絨的光澤像是禮服一樣華麗；圓葉花燭的絨布葉面在光線下會有大量金粉閃現；黑絲絨觀音蓮的立體紋路像是人類肌肉一樣神奇，就這樣一步一步掉入植物坑。

也認識了好多現實生活中不可能有交集又熱心分享的植友們，討論植物在哪買、最近又養死了那些植物、成功救回來的原因，交流很多心得感想。有些植友還會給植物取名字，看到植物的近況就像看到別人家的子女健康長大一樣欣慰。

FRIDA RAMSTEDT The Interior Design Handbook

THE KINFOLK HOME

不知不覺間，這種建立在興趣之上的友情讓我好快樂，竟然都不用出門也不用交待現實生活中的背景跟現況，就能有一定程度的連結。甚至有一次 Instagram 全球大當機都開不了畫面時，還想到萬一這個植物帳號不見了，這些可愛的人們就消失在茫茫人海中，走過路過就這樣錯過了，我再也無法跟大家相認了，心中竟生出一股好可惜的惆悵。

也意識到，這些年在瑞典的孤單感好像突然消失了，內心裝著好多可愛的人，即使根本沒見過面，但心意相通的感覺讓我一掃陰霾，原來人世間還有這種類型的友情。

也許，我從以前就對友誼有錯誤認知吧，總是覺得有緣相遇都不容易，也習慣對每一個邀約都來者不拒，讓自己迷失在「給予」的優越感中，漸漸感到消耗跟無奈。

有了植物後重新定義友誼：
「在共同興趣的基礎上，選擇我喜歡的人，選擇聊得起來的人，選擇會尊重我的人，選擇會為我的好事開心的人。」

因為真正的朋友不用多，能感覺到心意相通的，才能創造幸
福感。

02

去你想去的地方，
因為一定會有人等著你

在我踏進植物的世界後，身邊認識多年的的老朋友們都沒入坑，那種看著植物發芽的喜悅、換盆的成就感、繁殖成功的興奮，幾乎沒人可以感同身受。

不只是植物這個新興趣，相較於同年齡的朋友，我的興趣相對廣泛，每隔一段時間就會冒出一個新愛好。甜點、羊毛氈、永生花、流動畫、心理學、冥想、塔羅牌、蠟燭、人類圖、居家佈置……太多太多了，總是自己一個人在探索各種有趣好玩的事物，少了一起打怪取寶的夥伴。

就像是追劇時，身邊沒有人跟你在追同一部，沒人可以討論劇情裡的高潮迭起。

不知道這種自己一個人探索，到處走走停停的孤獨狀態，是

成年人的常態，還是我個人多愁善感的內心小劇場所致？或許兩者都有吧。

開始在社群媒體上分享植物後，才第一次感受到同步的快樂，和有相同目標的人一起沉浸在同一個世界裡，感覺太棒了。也因為萍水相逢彼此在現實世界裡並不認識，所以少了期待跟框架，也就減少很多不必要的失望跟顧忌。

像是創造了一個結界，讓自己在這裡安心的玩，玩著玩著竟然還在內心長出了能量，帶著一股席捲的威力，重塑了我的人生。

回過頭來讓我意識到，即使是認識多年的朋友，喜歡的東西還是可能非常不一樣，過去的交集讓我們產生了連結，但是那個階段過後，各自都有新的際遇，如果緣分沒有更進一步安排，能聊的可能就只有彼此的近況跟回憶。

能有一起回憶的老朋友是福氣，但是在你想去的地方，一定也有人跟你一樣，有相同的目標，有相似的想法，最後一定

會發現原來可以創造新的圈子，原來有人在等著你，只是需要自己先前進，才能找到彼此。

03

喜歡的人
不一定要在一起

有些植物好美好喜歡，但深知家裡的環境不適合，買回家只
能短暫存活一陣子，最後還是得面臨凋零的命運。比如文竹，
初期都還好好的，但在我家常常一不小心就黃掉，變成一坨
乾燥草，從買回家開始就注定是一路走下坡，開局就注定是
死局。

小時候曾經喜歡的一個人，好喜歡他那股沉穩的自信，相對
於心浮氣躁的我，就像是看不到車尾燈般的高手境界。好希
望對方也喜歡我，那份希望隨風凌亂，又無處安放，最終落
花有意，流水無情，暗戀無果，我還獲得了被封鎖的結局。

其實人生中並不是所有的喜歡都要有結果，愛情友情都是。
在某一段時期的我，能有一個情感的出口，有一個寄情的對
象，在「喜歡」這件事上本身就已經獲得滿足。

有時那種喜歡只是好奇心，或許只是一種征服感，甚至你喜歡的只是全身心投入某件事的自己。比如因為喜歡而開始研究對方的人類圖跟 MBTI，再從對方的社群帳號試圖找到潛在的共同話題或者關於這個人的蛛絲馬跡，甚至可能因為對方的興趣而促使自己學會一項新才藝。

一番操作下來，像是柯南辦案一樣，越來越接近那個唯一的真相，獲得成就感的同時，也打開好多新觸角，不知不覺中日子也變得有趣起來。

現在想想，那種喜歡應該更接近我對於人類的欣賞，如同「文學賞析」、「音樂賞析」一樣，對於擁有某種特質的人，我就是會被吸引，用來分析「我為什麼喜歡這樣的人？」。

而這種吸引不一定要有什麼發展，只是欣賞也很好，是屬於自己的「人類賞析」，用來建構對人類的認知以及對自己的認識。而那些心動的瞬間都寫進我的歷史，曾經獲得的關注，都是我的寶藏。

如同植物一般，喜歡的不一定要擁有，考量到植物適合的環境，只是路過欣賞也是一種兩全其美。

04

人和人的相遇，前半生用來認識自己，後半生用來找到同伴

有些植物的葉子又小又薄，或是根系比較敏感纖細，這種通常只要稍微缺水就會立刻有反應，整株下垂或枯萎；而葉子大且根越厚實的植物，通常可以儲存水分，所以就算缺水也還有一段緩衝的時間。

人也是一樣的，本身內建的感受系統不同，有人是對周遭一切很敏感的高敏人，有人是大而化之的鈍感人。而我則是在誠實面對內心後，發現自己其實是披著鈍感外衣的高敏人。

習慣退讓跟假裝瀟灑的說沒關係，但那些看似不在意但其實很在意的小事、沒說出口但憋在心裡的委屈、更有些是當下太震驚以至於無法回應但心情平復後覺得很受傷的情緒，累積起來的後座力，讓我默默感覺到對他人的牴觸。

於是有一段時間我很封閉，不想再接觸人了，總覺得跟人相處好麻煩，產生好多不舒服的情緒。也發現我所謂的包容，其實只是我為了表面的和平選擇視而不見，或者說是自己的懦弱不敢表達，還自覺是個大方的人，其實內心早就被自己這種「背叛自己」的行為所傷害。

像是一直遇到不尊重我的人，是因為我自己也不尊重自己，任何人都能在我的待辦清單中插隊，把別人的需求放在我之上，而且還是我允許的，於是在我的人生劇本中，始終缺少主角，因為連我自己都先放棄站在我這邊，我沒有堅守自己的原則跟界線，課題當然會一直重複出現。

任何再小的傷口，都是真實存在的，練習正視自己的每一個感受，認真梳理、看見並且做出改變，於是鈍感人的外殼被敲碎，讓真實的高敏人格重現天日。

過程中的自我矛盾跟內耗，走得辛苦，但也因為越來越認識自己，篩選掉不對的人，不用再委屈求全，像是臉上陳年粉刺掉落一樣開心。

也理解到，人和人之間，前半生的相遇用來認識自己，而後半生，我們要用來找到同伴。

05

整理植物
也是在整理內心

我有個角落專門放不太健康的植物，戲稱該區為正在搶救中的加護病房，就等著哪一天康復了就能移到一般民眾區。看著那群被紅蜘蛛攻擊後一直都萎靡捲曲的鏡面草，大大小小可能有二十盆，畫面既混亂又蕭條，有種廢墟感，看著好煩躁，決定來好好整理一下。

第一次丟掉這麼多盆，宛如一場葬禮現場，告別式有點浩大，每丟一盆都會跟它們說聲「謝謝你的陪伴」，讓它們繼續下一個旅程，也許是在土壤裡煥發新生，也許是變成堆肥滋養著大地，不管是哪一個，都比在我家當廢墟好。

今天就是做出改變的那一天！今天就是告別過去的一天！

一口氣清空之後，窗台變乾淨了，角落的廢墟突然明亮起來。

有了留白的餘裕，看起來清新舒適多了。

像是剛被雨淋濕後，洗了個澡，沖掉一身的濕漉，換了乾淨的衣服一樣清爽，內心也跟著有股微風吹進來，似乎有某種固執被鬆開了。

那些捨不得丟的想法，其實只是因為不想面對麻煩跟混亂，乾脆就不要去碰，直接堆著，於是廢墟就產生了。

這樣的廢墟，其實每個人的心裡也很多。比如一再觸碰底線的朋友、不想來往的家人、已經走不下去的婚姻......。

某些狀態已經「過時」了，你已經不是過去的你了，卻還停留在舊時代的關係裡，於是感覺到不自在跟疏離。

結束一段關係，看似是物理上的拉開距離，實則是在告別過去的自己，是和過去的自己「分手」，跳脫不合時宜的模式。

放掉不適合的，才能創造更多的空間，讓新的能量進來。日

常中的減法練習，就是讓我們留下對的人事物，創造此刻此刻最符合自身需求的生活。

像是手機裡的軟體需要更新，但容量不夠，需要先清空才能升級版本，這是人生零件更新的必要過程，找到那個生繡卡住的零件，讓人生更順暢的使用。

06

接受別人
跟你不一樣

有一天在幫黑金蔓綠絨拍照，葉面是深綠色的絨布質地，光澤又帶點貴氣，拍完準備收工，從背後經過時正好陽光灑下來，葉背竟然變成微微橘紅的晚霞色，天啊好美的畫面，被那股通透的亮麗感吸引，看得癡迷，不同角度有不同的美，在黑金身上完全展現。

人也是一樣，是我們詮釋的角度不同產生了分歧。你看到正面在講綠色，我看到背面在講紅色，如果你不曾走到我這一邊看到我所看到的風景，那綠色就是你理解的全部，於是雞同鴨講，不在同一個頻率上，無法理解彼此。

人到中年的我，沒結婚也沒生小孩，在同年齡層中偏向非主流，尤其過年聚餐時總會被追問原因，我也總是回答：「因為現在不想」。

答案太過簡單，沒有苦衷也沒有難言之隱，於是招來各種試圖說服跟嚇唬我的建言，「妳再不生就來不及了」、「生了小孩妳的人生才會完整」好像我的想法很荒謬，需要被拿出來討論修正，需要全村人合力救我脫離苦海一樣。

其實每個人的重點不同，有人心中最重要的是家庭，有人是金錢，有人是夢想，非要說誰對誰錯，其實也沒有意義，不過是各自心中的優先順序不同罷了。

這其中的差異，有時代背景、原生家庭、社會氛圍、自我認知、人生階段等等，大家踏著不一樣的步伐，在每個選項裡透出自己的價值觀，排列組合起來構成的每個獨立個體。

沒有誰的人生最優秀，只有最適合自己的活法，不用為了誰而改變自己。尊重彼此的想法，換位思考，多點同理心，允許他人有不同的生活方式。

或許未來某一天我會改變想法，因為人生太多無法預料的事了，永遠無法說永遠，但當現階段的想法說出來後，旁人只

需理解到彼此想法不一樣就好。

就像是「大家來找碴」的兩張圖，要找出圖裡不同之處，但並沒有規定哪一邊是正確的，就只是兩邊不一樣，是獨立的兩張圖，各自都成立。就讓這樣的不相同並存，也不妨礙每個人的生存跟自我價值，正面背面都很美。

07

先有自己，
才有我們

植物在怎樣的狀態下是幸福的？陽光、空氣、水，每個植物有不同的需求，只要有符合其喜愛的條件，就能健康快樂的生長。

植物首先是它自己，有明確的生存方式，我再依照它的需求來照顧，而非我的喜好。在我能力範圍內，不過度也不擺爛，盡我所能的付出。我幫你澆水，你療癒我，互助合作。

從植物新手到稍微有點經驗的這段旅程裡，經歷過以下的三個階段，發現其實也適用在人身上：

兩個不成熟的人相遇，就像是體質不好的植物又遇到植物新手，堪稱死亡之組，要經歷許多雷區，互相折磨傷害，撕心裂肺的問天問大地，用痛苦換來領悟。

一個成熟一個不成熟，植物本身要體質很好或很耐操，或是主人需要很有經驗的考量到不同變因，這組雖然有機會存活，但有一方需要比較辛苦的維持，當那個帶領的人，容易處於失衡狀態。

兩個成熟的人相遇，就是體質好的植物遇到有經驗的主人，很輕鬆自然的綻放，一片接著一片的健康快樂生長下去，這大概也是人類之間相遇時最棒的狀態了。

你能照顧好自己，我一個人也能過得很好，你是你，我是我，你做好你的部分，我也在自己的世界努力著，相遇時創造出了「我們」，有默契又舒服的相處，彼此有共識的合力打造「我們的生活」。

所以才會有所謂的「先愛自己才能愛別人」，因為當雙方都有足夠的自愛基礎，關係才不會失衡。我們首先得是我們自己，對自己有深度認識，喜歡的討厭的、在意的不在意的，清楚自己想要的是什麼。

各自心中有自己的火把，燒得旺盛，在一起時也能給對方添點柴火，錦上添花，但缺了你，我也依然是完整的。

因為和對的人相遇時，一切都很自然，心中保有自己，也有對方的位置，此時和他人所產生的火花才是發自內心的同頻，不卑不亢，眼裡有光，行為裡有尊重和愛。

像風帶動雲流動，像水滋潤萬物，各自獨立又互相給予，從容自在，合作愉快。

08

有感情的才叫做為愛磨合，
沒感情的叫做互相配合

因為喜歡而開始養植物的人很容易理解，但是家裡有植物但卻不愛植物的人，究竟在想什麼？

因為居家佈置、因為好看、因為跟風、因為角落空著而植物的尺寸剛好所以把植物帶回家。

不愛也就不會用心，偶爾想到才去擺弄一下，死掉了就再買新的就好，聽起來好像很不負責任，但卻常發生在人與人之間。

不愛的人為什麼還要在一起？

因為面子、因為習慣、因為害怕孤單、因為分攤生活成本、因為當下沒有別的選擇。

也許口頭上都會以愛為名，但一個人的實際行動卻是最誠實的。對於他人沒有愛的行為，其實都感受得出來，只是不願承認自己「不被愛」的事實，所以寧願繼續維持一段空虛的關係。

一段關係如果常常需要求神拜佛問塔羅牌「對方愛不愛我？」，那通常就是不愛。

相處時的確需要時間培養默契，但那是建立在「有感情」的基礎上再去努力。有感情的才叫為愛磨合，沒有感情的叫做互相配合，遵守對方的家務分配，參加安排好的聚會，不重視對方的想法，也不在乎對方感受，所以後續的付出都是一種拖累跟麻煩，讓人心生不滿。

而有些關係不至於無情無義，偶爾有甜蜜，偶爾能笑嘻嘻，所以讓人誤以為還有愛，其實只是成年人的正常社交禮儀，逢年過節會慰問會送禮，有空一起出來走走，是這段關係之所以成立的基礎而已，卻容易讓人陷在這些曾被略施小惠的回憶裡，還以為是愛的證據。

養植物的過程，初期只是為了擺設好看，並沒有產生真感情，中期墜入愛河過度付出、患得患失，到後期能以植物最喜歡的方式照顧，穩定交往中。

這是一路上死了好多植物才有的領悟，也在這個過程中修煉了自己的感情路。

從新手村到選手村，不是為了要成為情場高手，只是為了少走彎路，能遇到真心適合且有意願一起探索世界的夥伴，愛情親情友情，都適用。

困惑的時候，或許可以想想，一個愛植物的人會怎麼做？你就能知道一個真正愛你的人會怎麼對待你。

生命探索

留下真心喜歡的，創造自己的理想生活。

01

你理想中的
自己是怎樣的？

人生中嘗試過很多不同的工作，總是在生存跟理想之間擺盪，每次心中又冒出「難道我這輩子只能這樣嗎？」的自我懷疑時，身邊人總會勸一句「能有一份薪水已經很不錯了。」於是騷動的心又被壓抑下去了。

很想做點什麼改變不滿意的現狀，但總是踏出去幾步沒看到成果，就又卒仔的回到了原點。已知過去的生活方式不是我想要的，但也不知道我可以做什麼，不上不下的狀態，讓心中一直焦躁不安。

尤其人在茫然時只會想快點找到解決方法，亂抓一根浮木讓自己可以暫時生存，實際上只是從一個坑跳到另一個坑，誤以為換了一個工作就是有改善，其實是困在同一個循環裡。

內心那股空虛跟失落，時不時就會冒出來，總是會在某些瞬間突然被拉回現實，意識到自己並不快樂的事實。

好像其他人都能這樣繼續生存下去，為什麼我不行？

其實只要不去深究內心的感受，都能湊合的過下去，但真正一直沒有觸碰到的核心，一直沒敢深挖的是：

「我真正喜歡的是什麼？」

對於不滿意的現況，如果不把力氣花在改變的勇氣上，就只能用在對現況的容忍上，直球面對跟壓抑逃避都有各自的痛苦。

而往往在勇敢面對自己內心之後會發現，原來痛苦大部分都是自己想像出來的，頭過身就過，跨過後是一片海闊天空。

龜背芋的幼年時期，葉片呈愛心狀，成熟後就會開始裂葉。據說是因為在熱帶雨林的下層陽光不足，為了獲得更多陽光而發展出破洞，讓光線可以穿透到底下的葉子，行光合作用，

製造養分。

或許，某個面向的我就像是龜背芋，為了生存而大量嘗試，為了心中的滿足反覆釐清，過程中開始發展出屬於自己的裂葉，才是真正茁壯的起點。

02

又喜歡又擅長的事
一定會出現

心理學有個「小花理論」，內容是說一個邋遢的人，收到朋友送的一束花之後，放在桌上欣賞時，覺得桌子太髒亂了，於是開始整理桌面。又發現家裡環境好混亂，配不上這麼漂亮的花，於是又把家裡整理乾淨。最後抬頭看到鏡中的自己好邋遢，跟環境很不搭，於是又整理了自己的服裝儀容，最後整個人狀態都變好了，而一切都因為一朵小花開始的。

而我的「小花」就是植物帳號，開啟我的一連串積極向上的動力，就此打開人生的第二種可能性。

一開始我並不是覺得自己夠厲害才開始分享的，只是比起剛入門的新手多了一點經驗而已，真的是只有一點點，當時的我只有鏡面草跟龜背芋養的活，也有分株繁殖成功，其他的植物都死了。

就是從這麼小的起點開始，慢慢的陸續有人問我其他植物的問題，搞得我也開始認真記錄起來，也更有意識的觀察植物寶寶們，連帶的對自己的生活都產生了變化。

當你投入某一件事情時，如果有相同興趣的夥伴一起交流討論，加油打氣，無形之中會形成一個充電站，讓你有歸屬感。做這件事的快樂成分裡，除了滿足自己的求知慾之外，有很大部分會來自同伴間的互助氛圍，見證彼此的成長。

就像是把家裡植物放在一起群聚時，會提高整體環境的溼度，更符合雨林植物喜歡的生長環境。

不管是哪一個領域，一定都有自己比身旁人更擅長更有經驗的事，不用抱著要成為該領域的大師的心態拚搏，只要鑽研自己有興趣的，把想知道的弄懂，過程中大方分享，讓需要你的人找到你，不知不覺中就變成自己既喜歡又擅長的事了。

　　　　　　　　　　　PART 02　植物教會我的事

很喜歡看植物和光影的搭配，
停格注視的瞬間，
那是一種讓人體感速度變慢的時空凝結。

03

基於愛的選擇，
而非恐懼

有了植物帳號後，我每天都在瘋狂的查植物資訊，也發現植物的世界太美好了，好想更深入了解，此時就是這麼剛好的滑手機竟然滑到有園藝課！這是來自宇宙的召喚吧？！

「但是專業的課程內容我用瑞典語上課會不會太崩潰？」
「將近一年的課太久了吧？」
「這一年拿去上班賺錢比較實在吧？」
「我這麼弱能適應戶外農活嗎？」

雖然報名前也有很多猶豫，但是課程內容好喜歡，好想要跟植物在一起，要是未來能在植物領域工作也太幸福了吧！內心的快樂憧憬大於對現實的恐懼，於是還是決定衝了，超興奮的立刻報名了。

就像一段原本還在曖昧不明的關係，終於確定要正式交往了。

而人生看起來充滿衝動跟偏離軌道的我，這次做的決定又有何不同？

我想這是我第一次基於愛的選擇，而不是基於恐懼。

外人看起來很任性的一年，卻是我善待自己內心渴望的一年，沉浸在快樂的植物世界中。那股順流的力量，療癒了我內在累積多年的匱乏感，常常覺得很飄忽的身心有了向下扎根的感覺，是一種好滿足又好開心的力量。

決定一件事之所以這麼難，就是因為大部分的人都想找出那個最正確的選項，害怕承擔失敗帶來的痛苦，擔心別人的眼光，以至於頭腦分析了半天，但行動力依然為零。

但其實如果並沒有正確答案呢？所謂的正確只是想像出來的呢？

每個人眼中的正確都帶著自己成長背景的主觀影響，對於正確的判斷也有不同的評量標準，現在認為的正確也會隨著不同的人生階段有所改變。

其實人生真的沒有正確答案，「選擇」只是用來更認識自己，認出心中真正的渴望，在每一次的選擇中都選擇那個最有力量的、最能感覺到愛的選項，於是就創造了屬於自己的路，正確與否就不再重要了，因為已經在過最想要的人生了。

04

選了喜歡的事情做，
為什麼還是不快樂？

在上園藝課期間，我有幾度懷疑自己的選擇。

一次是在森林練習用機器伐木的時候，才一個下午，我的鼻腔就因為各種木屑而過敏發炎了，可以清楚看到鼻孔裡發紅腫大的部位，每一次呼吸都很刺痛，鼻涕還會自動流出來。

還有一次是在墓園工作掃落葉的時候，才短短兩天我的手腕就發炎了，痠痛到無法按電視遙控器，也無法滑手機，常常一不小心拿某個物品時角度凹到就痛到流淚。

還有在大太陽底下整理花圃，即使有戴帽子也讓我酒糟肌又復發了，臉頰又紅又癢，背上還長了人生第一次的蕁麻疹。

好奇怪，不是說當你想做一件事的時候全宇宙都會來幫你嗎？我是真的想做這件事，但怎麼我身體變得這麼多病痛纏身？而且其他人都沒事，就我一個人最多狀況？

在我經歷過這一整年的歷程後，開始復盤總結時理解到，即使是植物這個領域裡也有分很多不同面向，而我都嘗試過後才知道有些真的是努力也無法改變的事實，比如我身體的極限。

在植物領域裡，我的角色更傾向體驗過後把經驗整理好分享給有需要的人，以一個觀察者的角度，而不是實際在崗位上操作的人，即使伐木跟掃落葉我都覺得很有趣，但終究不是我的歸宿。

當人走在對的路上時，不代表就能順風順水一路開掛，該有的問題還是會遇到，只是這些困難都不會太大，我遇到的主管各個都像天使般的體諒我，知道我身體不適就會安排我去做別的事，沒有發生什麼痛苦到我撐不下去的困境。

那些困難，就像是讓你知道此路不通，換一條路走。

因此，有時領域是選對了，但在這裡面還是有很多適合跟不適合的角色定位，決定你的快樂程度，需要自己去嘗試跟釐清。

05

方法不是只有一種

我很喜歡拍植物的縮時攝影，因為平常看不到也感覺不到它們有在動，但是在縮時影片中能看到原來它們會趁大家不注意時偷偷在動來動去。

葉子澆完水立刻挺起來像是喝了咖啡一樣清醒過來、展葉過程從一根脆笛酥慢慢打開像是在把自然捲的頭髮燙直、集體追光時的搖頭晃腦，有夠活潑，通通都好有趣，可以一直看一直看。

植物以我們觀察不到的速度在動，那些肉眼看不到的變化，讓人以為不存在。

會不會其實石頭也會動，只是一千年才動一下；山也可能會動，只是一萬年才動一下。看不到不代表不存在，就像

很多事情只是自己不知道而已，不代表不可能發生。

曾經我以為我生活在瑞典就只能認真學好瑞典語才能找到工作，所以早年在瑞典的一大重心就是學語言，但是因為沒有太大的興趣，所以都是靠意志力在撐，總想著趕緊把這個燙手山芋解決了就可以輕鬆了，常常抱著一種「我跟你拚了」「我不信解決不了」，想證明自己可以的心態在負重前行。

雖然學語言也是會有階段性的成就感，以及學習過程中延伸出來的樂趣，但是無奈跟痛苦還是占大部分。

從來沒想過我能有別條路可以走，可以用自己的興趣打開新的路線、可以用文字維生、可以不用侷限於瑞典職場，船過水無痕的就轉了舵，順著這個流動而發現新世界。

在自己的認知有限的時候，容易以為方法只有一種，以為生活方式只有一種，以為成功只有一種，因此困在自己構築出來的名為「只能這樣」的籠子裡，還發出「成

人的世界背後，總有殘缺」的感嘆。

其實世界真的好大，還有好多好玩的可以去探索挖掘。

眼前看到的只是一個短暫的瞬間，如果把時間拉長，把視野擴大，會發現沒有解決不了的問題，有的只是有限的觀點。

06

留下真心喜歡的，
創造自己的理想生活

有一段期間我在一間植物店工作，當時的老闆顛覆了我對園藝工作者的刻板印象。

戴著墨鏡，大紅唇，色系活潑的穿搭，全身上下一股在時尚界走闖的氣息，每天都穿得漂漂亮亮在農活，植物搬上搬下，完全不怕衣服弄髒。

曾經以為進入園藝領域就得放棄打扮，但我在她身上看到的是，一個魚與熊掌可以兼得的示範，一個人可以很喜歡園藝工作的同時也把外表打理的符合自己的審美。

在她身上有一種野性美，自由奔放，在普遍都走溫馨療癒路線的園藝領域裡，她是高嶺之花，遠看有種仰望的高冷。聊天相處時，她幽默又很有分寸，會照顧每個人的發言權

跟情緒，就像是風信子，所到之處都散發宜人香氣。

除了園藝店主理人，還有接景觀設計的案子以及景觀設計工作坊，每週還有兩天去上法文課，還育有三個小孩，下午時間一到還得去接小孩放學。會固定時間去健身、舉辦園藝講座、家庭聚餐、房屋整修、開發新產品……在她身上只會發現源源不絕的新事物。

這麼忙碌的狀態，她卻是我在瑞典職場上遇到回訊息最快速的老闆，也認真經營自己的社群，總是保持對周遭人事物的熱度。

我問她怎麼有辦法同時做這麼多事，她聳聳肩說道：「我以前才是工作狂，現在已經放慢很多了，留下來的都是喜歡做的事。」

我所驚訝的快節奏，竟然是她已經刻意放鬆的腳步。

究其活力來源，是她每一個選擇都忠於內心，生活中都是

自己喜歡的，所以每一件看起來需要消耗精力的事，她卻能從中獲得能量，因為做自己喜歡的事不需要靠意志力堅持。

一個追隨內在喜悅的人，在生活、工作、人生，都貫徹自己的信念，由內而外散發出來的自信，就是這麼閃亮，充滿個人魅力，讓所有接觸到的人都能立刻獲得能量。

07

在自己的
領域發光

生活在瑞典這個美食沙漠，剛搬來時的第一個衝擊就是吃不到家鄉味。為了滿足口腹之慾，認真的嘗試各種食譜，還去上料理課，目標是成為一個能在過年時做出一桌菜的人。

後來看到新聞報導異鄉遊子在他國靠料理闖出一片天，開了自己的家鄉味餐廳，樂天過頭的我覺得我也可以，於是更積極投入，說不定體內有隱藏版的美食小當家魂。

說做就做，立刻開了公司戶頭，到處看店面，研發菜單，收集一堆資訊，身邊的人都以為我要開店了，想不到在找店面這一關就卡得死死的，動彈不得，後來也不了了之，認賠收場。

我相信，那些真正熱愛料理的人，是從備料開始就進入心流，整個過程是在服務自己的靈魂，料理完後開始享用又是另一層滿足。去到異鄉只是被喚起料理魂，回到自己心之所嚮，跟我這種只想複製別人成功路線的心態是完全不一樣的。

那時曾被說過「你這樣的也敢開餐廳？」

覺得又羞辱又生氣，但現在想想那股憤怒其實是因為我自己也沒有多熱愛，只是覺得有機會賺錢而已，所以當別人不認同時，被挑起的是自己的心虛而惱羞成怒，啟動了想保護自尊的防衛機制。

而當我整天在做植物實驗還去上園藝課時，也同樣遇到質疑「你做這些可以賺錢嗎？」

我很平靜的回答「我也不知道，但覺得很好玩。」內心竟然沒有憤怒。

原來可以心平氣和的面對質疑也是一種象徵，代表自己很確定這是我想要的，儘管不知道怎麼解釋，但就是想繼續做下去，因為做我喜歡的事不用執著於結果，我的喜歡，跟他人無關。

就像是在我家一直很好養的龜背芋，在其他人家裡就狀況百出，會爛根、會下垂。因為每個人適合的都不一樣，每個靈魂想體驗的都不同，不必追求大眾眼中的成功，不用隨波逐流。

回到內在，做真正感覺到滿足的事，在屬於自己的領域發光，內心才是飽滿踏實的。

08

夢想無關大小，
只有自己真心想要

踏入植物的世界後，最超出我預期的際遇，就是此生竟然
有機會能在墓園工作！

瑞典的墓園就像個大公園一樣，有森林、有景觀、有設計，
偶爾有麋鹿、野兔、松鼠從身邊經過，也會有遛狗、遛小
孩、騎腳踏車的人。

神奇的是，即使墓園座落在車水馬龍的交通匯集處，但只
要一進到園內，就立刻能讓人靜下來，像是踏入一個安撫
人心的結界。

工作環境太夢幻，我還因此愛上掃落葉，把東西集合起來
清理掉的感覺，竟然莫名療癒，好喜歡這個環節。

不過，每天大致重複同樣的內容，遇到同樣的人，對我來說稍嫌單調，但在這裡工作的人卻很快樂，有人甚至視為夢想工作，一待就是 30 年，而且不是少數。

好奇的問了在墓園工作的同事們，為什麼會想在這裡工作？

「那天散步看到有人在墓園工作，我也想，就去問有沒有職缺。」
「不想待在辦公室，想在戶外。」
「我不擅長跟人相處，在墓園都是固定的人，這樣很好。」
「這裡沒有壓力，沒有一定要達成的目標，也沒有期限內要完成的事。」

問了一圈，大家的答案都好簡單，不愧是墓園，就適合這種佛系體質的人。

正是因為想要的很簡單，一旦出現符合需求的選項，就立刻達成快樂的基本標準了。沒有要追求出人頭地或是贏過他人的比較心態，沒有不停追趕的虛妄內耗，所以怡然自得。

經歷和接觸不同的工作，或許其意義在於，讓我看到世界真的很大也很多元，大到能包容各式各樣不同人生觀跟價值觀的人存在，而且都能活得好好的。

於是知道，探究夢想的大小並無意義，每個人的認知和追求都不同，只有達成自己真心想要的，想法和行為終於對齊的時候，能發自內心的快樂，才是真正的美夢成真。

生活到處有提示

人生是用來體驗的，不是用來證明自己的。

01

關掉外界的聲音，
聽你的內在指引

有一天晚上，電視轉來轉去都沒有想看的，乾脆關掉放空一下吧。電視聲音消失的瞬間，周圍變得好安靜，一時還不知道下一步該做什麼，就先享受這安靜的片刻吧。

突然，有種紙張的摩擦聲，但又不像是普通的紙，應該是帶點光滑的表面，有點塑膠感，困惑之際，那個聲音又來了一下，立刻朝聲音方向轉去，目光掃射各種可能發出聲音的東西，接著又來了一聲，目光跟著聲音鎖定在一盆龜背芋上。

原來，是龜背芋的新芽打開了！

從一根細長的脆迪酥狀，悄悄的打開了葉子，剛剛那個神秘的紙張聲音竟然是龜背芋展葉的聲音，而我竟然幸運的能聽到這個神奇的瞬間，而且還連續三聲！

立刻衝過去，感動的看著那片嫩葉，原來你會發出聲音，原來你的聲音是這樣的！清脆的微裂聲，微弱的隱藏在日常中，屬於葉子的伸展，悄悄的，「醒了」的聲音。

雖然很小聲但關掉電視就能聽得到，如果那天沒有反常的關掉電視，應該就錯過這個驚喜又可愛的瞬間了。

就像是，當你關掉外界的聲音，屏蔽掉社會跟周圍的意見後，內在真實的聲音才有機會顯現出來。

只是關掉外界的聲音不像關掉電視那麼簡單，因為人的信念跟框架是從小被淺移默化的塑形起來的，在內心的滿足感跟外界的稱讚之間，通常會先選擇符合外界眼光的那一邊，忽略了照顧內在感受。

而每一次的遇事練心，都在提升自我的降噪能力，更靠近真實的自我。

有時大腦也會假裝是內心的聲音，也許是為了證明自己的能

力，也許是最能快速脫離悲慘的現狀，又或許是想要跟上時代趨勢，看似是內心想要的其實只是大腦分析過後對自己最有利的選項罷了。

因此，關掉外界聲音的同時，也需要對自己誠實。

當你聽從內在指引時，身體是很有動能的，即使沒有報酬或掌聲，也會很想去做的事。因為那股滿足自己內心的驅動力，來自於肯定自己之後，源源不絕的內在力量。

02

你只是在充電，
不是在偷懶

第一次在花店看到酢醬草時，立刻被她那股飽滿的靈動吸引，帶回家後當晚就興沖沖的立刻給它換盆，結果莖葉立刻垂軟，像是受到了什麼人生重大打擊直接昏倒在當場，連續好幾天都昏迷不醒，我也被嚇壞了，甚至眼泛淚光的自責起來。

今年又再挑戰一次，發現原來當年它一換盆就昏倒是因為它這種細根的植物比較敏感，換完盆，有動到根系後，本來就會比較脆弱，需要比較長的復原期。加上它有自己專屬的「睡眠運動」，晚上葉子會閉合起來，結合這兩種特性，所以才有當年猝死的誤會。

其實很羨慕酢醬草有自己絕不妥協的原則，一到傍晚，光線一微弱，葉子立刻收工合起來，全世界都阻止不了它神

聖的 me time 時光。隔天太陽一照進來，又全體準時起床，葉子好有活力的張開，敲鑼打鼓的開啟美好的一天。

之所以羨慕，是因為一直以來我對「好好放鬆」總有種罪惡感，不敢太廢，不敢無所事事，好像都要找點什麼事情做才能讓無處安放的心有一個落腳點。但其實人一天的精力有限，做不了什麼大事但又想做點什麼的時候，抓著不放的全都是些瑣事，瑣事做得再正確，還是瑣事。

有時太努力是一種阻礙，讓人看不到內心真正的渴望，東張西望不停的追趕，甚至追求的是自己並不喜歡的事物，但又不知道該怎麼辦，只好繼續追求，因為至少要看起來很努力才能證明自己有價值，但終究也只是「看起來」很努力，真正的力量還在沉睡。

有更深一層的心結則是，無法面對「其實很普通的自己」，不甘平庸但又飛不起來，既無法好好放鬆又無法好好跟人競爭，於是在原地內耗。

看著時間一到就全體葉子合起來的酢醬草，很像在提醒我「該休息了。」在還沒找到自己的熱情之前，至少要當一個身體健康的人。

告訴自己，你只是在充電，不是在偷懶，時間到了就讓自己清空腦袋，有品質的放鬆。白天的煩惱就留給白天，晚上則是自我修復的黃金時間，有反思、有疏理、有放空、有療癒，安心的回到內在，讓自己有體力跟上夢想，精神飽滿的面對每一天。

03

在心田上播下
你想要的種子

有一天看到植友分享，原來圓葉花燭可以藉由授粉而結出
種子，太酷了吧，好奇妙，太想擁有花燭的種子了，跟著
授粉玩玩看。就這樣等啊等，期間生死未卜，也不知道到
底有沒有授粉成功，完全沒動靜。

好不容易終於結果了，可以收成了，已經是一年過去
了……。

剝下來的種子大概有十五顆，像豆子般大小，一顆顆都好
珍貴，這可是我等了一年的寶寶，每一顆都 360 度仔細觀
察，雖然看不出什麼名堂，但內心好雀躍，讚嘆生命的奇
妙，開心的種下每一顆，期待長大成人。

半年後，其中四株穩定成長，紮實的根系，葉子小小片，

閃閃發光的愛心形狀，超級可愛！ 其他的則是發芽後又枯萎，或是直接爛掉的也有，明明都種在同一個育苗盆裡，卻有不同的命運，才發現原來不是每一顆種子都會長大。

人生中的際遇大概也是如此吧！ 有些事情你不必問，有些人你永遠不必等， 很多無解的狀態，宇宙自有安排。

唯一能做的就是好好的在心田上播下你想要的種子，快樂、自信、希望、愛、夢想，不知道哪些會發芽，也不會在種下的那一天就發芽，需要耐心灌溉，等待能量俱足。

而生活，是最好的土壤。好好吃飯，好好睡覺，好好照顧自己。人生的皺褶無法像熨斗一樣燙平，但是「好好生活」會讓你開始舒展，看到不一樣的可能性。

好好生活是指：

有意識的選擇生活中的人事物；每一個選擇背後都是基於喜歡而非隨波逐流；身邊留下來的人都是心靈契合而非湊

合；追求的每一件事物都符合自己的價值觀而非擔心旁人眼光。

當你把自己照顧得很好時，生命中的因果跟機緣就會重新洗牌，命運之輪會重新改寫，因為當你說的跟做的同步，內外一致的時候，和諧的能量會注入到生命中，啟動自癒力，種子一個一個開花，心花朵朵開，長成一個屬於你的幸福花園。

04

人生是用來體驗的，
不是用來證明自己的

據說世界上年紀最大的樹已經有 9500 歲，是瑞典國家公園裡的一棵雲杉，還有自己的名字叫做 Old Tjikko。以為老樹都是參天大樹，像阿里山神木那樣巨大的合抱之木，霸氣穩重。結果這位地表最老之樹，有著細長的樹幹，稀疏的枝葉，原來這樣纖細的外型也能位列仙班，成為樹瑞。

很好奇地的看了世界上前十名的老樹，每個都有自己獨特的姿態，有樹冠長得像飛碟的龍血樹、線條很有流動感的狐尾松、樹幹超巨大的栗樹，這些樹分佈在不同的國家，不同的氣候，無法總結一個長壽的原因，但他們都在自己的時區裡，各自美麗。

人生走到現在，你之所以是現在的你，是由過去每一個選擇串成的，而每一個選擇都像是樹枝一樣，有的向上，有

Spruce *Gran picea* #0909-11A07 (9,550 years old)
DALARNA, SWEDEN.

的向下，有的會變成主枝幹，有的會變分叉枝。正處於某一個階段的你，不知道那些分支到底有什麼意義，以為只活成一條線性的樹枝，其實你正在活的是一整棵樹。

正是那些人生軌跡串連起來，讓每棵樹有屬於自己的樣貌，有自己的故事，在自己的時區裡各自經歷四季，冷暖自知，是一連串的外在境遇跟自己的內在共同創造出來的，有各自的美妙，不用跟別人比較。

分析我的樹狀圖，從寫作這條支線往前追溯，是從植物開始的，植物是從疫情期間失業開始的。如果當初沒有失業，會不會今天還在原地盤旋， 還在思考要現在辭職還是等過完年再說？

所以每一個階段是福是禍，其實都是中性的，沒有好壞，也不用著急有結果。

而當某一天你發現自己再也不需要別人的認同來證明自己配得上的時候，再也不需要外在物質條件來證明自我價值

的時候，你已經活出自己的形狀了。

因為人生是用來體驗的，不是用來證明自己的。

05

美好的獨處時光

早期剛入植物坑時，新買的植物還來不及記錄成長過程就死了，於是開箱時拍的照片就變成了它在人世間的最後一張照片，看到植物遺照就像是誤闖了時空，和當初菜鳥時期的我相遇了。

有段時間太忙了顧不上澆水，好多植物都枯掉了，回想當時在忙什麼？ 身體好像一直處於發炎狀態？ 是那個時期嗎？對啦，就是那時候！看著植物枯萎的照片，想起當時又累又焦慮的自己。

手機裡有兩萬張照片，有一半都是植物照，滑著滑著就掉進時光機，即使是很久以前的照片都還能感覺到當時的心情。尤其剛買來的興奮跟養死的自責最躍然紙上，好像某一部分的我也被留在照片中，透出我當時的意念。

生活的起伏跟心境轉變，就這樣如實的反映在植物的狀態。

而每隔一段時間看植物的前後對比照也充滿驚喜，「原來你有在長大啊」、「你這一年生了好多寶寶耶」、「你剛來的時候長得好可憐，現在變好漂亮喔」有欣慰也有感動。

日子一天天的過，很容易忽略每天細微的感受，而那些變化就是每個小日子堆疊起來的，讓人在其中看到時間，所以好喜歡這種對比照帶來的療癒感。

植物大概不在乎自己被怎樣的記錄下來，因為生命的本質就是活著。會在照片裡看見自己，是因為那些投入的時間讓回看變得有意義，產生情感的連結跟投射。

於是，有植物的日子裡，產生了好多豐富又美好的獨處時光，是屬於我自己的時間，跟工作或他人都無關，體會到一種自在，不必討好強求，也不匱乏索取，一個人也玩得很開心，安住在當下的力量，穩穩的滋養自己。

／
蒐集越來越多「光是存在著就讓人感覺美好」的人事物，
排列組合起來的日常，
應該就是名為「美好日常」的魔法陣吧。

06

越來越清晰的輪廓

看到從夾縫中冒出來的一株雜草，遺世而獨立，看得好感動，生命果然會自己找到出口，內心升起一股憐憫跟佩服，蹲在路邊幫它拍照，心中冒出好多疑問。

「你一個人在這裡會孤單嗎？你是怎麼活下來的？這裡不會很難生長嗎？」

突然想到這其實也是我在瑞典這麼多年，常常被問到的問題。

「瑞典語會不會很難學？那裡不會很冷嗎？冬天沒有陽光會不會很憂鬱？」

每當我一臉無所謂，關關難過關關過的態度，他人通常會投以敬佩的眼光，也許聽完我的故事還讓別人在內心升起

一股勵志感，大概就跟我看路邊雜草的感受是一樣的吧！

如同這本書的其他章節所述，我其實也有好多煩惱。職涯的不順利、人際關係的糾結、孤獨感，更甚者，還有從小到大會在各種人性兩難間琢磨思考很久的自我辯論。

大概是累積起來的無奈太多，想細講某個事件時怕過於沉重，想讓聽到的人不至於毫無預警的被這份無奈輻射到當場石化，於是習慣在故事裡加點幽默跟希望的成分，不知不覺就活成了別人眼中的正能量。

而實際上我只是一直在問題中來來回回的修改調整，前進個兩步，過一陣子又再後退了一步，試圖在過程中找到能邏輯自洽的說法，讓自己好過一點罷了。

像是在配眼鏡時，電腦驗光機中，從一片朦朧的畫面開始看到清楚的綠地跟紅色小房子，過一陣子又再糊掉，然後又再變清楚。

就是在這樣刪刪減減的反覆確認中，漸漸留下自己喜歡的，於是模糊的殘影開始有了一點清晰的輪廓。

一路走來不容易，持續嘗試調整，保持希望，即使在夾縫中也能找到自己伸展的空間，有一席之地能創造理想的生活。

07

如果你有想幫助的人，
就先幫助自己吧

第一次感受到植物帶給我的快樂，是默默長新芽的鏡面草。

那時還在身心俱疲的工作中，每天下班只想以最快速度衝回家躺平，沒有多大心力照顧植物，所以常常非死即傷，能活下來全靠緣分。那幾年我常自嘲植物來到我家後大概瞬間心死，如果餘生是你，早點投胎也沒關係。

某一天竟然看到鏡面草長新芽了！它靠自己的力量默默的發芽了！天啊好驚喜，激動的在家裡上竄下跳，被鏡面草旺盛生命力激勵到，彷彿天使走過人間，心中充滿光和愛。

那一瞬間的快樂，讓我理解到，原來安靜的族群也很有力量，原來可以只是存在著就帶來療癒力，原來就只是看著別人如實的生活著，心情也會變好。

像是看小孩的一舉一動、看別人認真研究組裝家具、看奶奶牽著孫子散步、看那些正在慢跑的路人、正在拍滿月的人，正抱著植物搭電車的人⋯⋯。

那些人只是在過自己的生活，但看到的人會自動帶入自己的人生經驗，在別人的故事裡看到自己，產生了情感的波動。可能是溫暖、可能是感動，可能是會心一笑，相逢何必曾相識，在那些既平凡又認真生活的身影中獲得了一點動力，好像又可以繼續活下去了。

對於那些正在低潮漩渦中的人而言，或許不需要多偉大的理論體系來拯救，有時只需要身邊的人活出自己，就能帶來希望。

看別人在煩惱河中載浮載沉走不出來；反覆播放過去的錯誤，將自己關進悔恨的牢籠中；逃避面對自己的軟弱；訴說著同樣的困境卻無法做出改變。他人的痛苦有千千萬萬種，看似解開了一條線，又發現裡面纏繞著各種難題。

解鈴還須繫鈴人，不要再擔心別人的人生了，如果你有想幫助的人，就先幫助自己吧。

認真的生活，投入體驗跟創造，專注的過程中會啟動自我覺察，無形之中會轉換成一股真實的力量，對內產生自信，對外產生正向的啟發，於是，在做自己跟幫助他人之間，無需委曲求全，也可以做到雙向奔赴。

08

人生的目的
就是活著

有一次在森林裡看到有人在摸樹，她認真投入的閉上眼睛，每棵樹都摸，像是在跟樹對話。好想知道她摸到了什麼，獲得了什麼能量，是不是摸了就被傳授百年修為，瞬間開悟，被渡到彼岸，從此過著幸福快樂的日子？

跟著模仿，煞有其事的深呼吸，調整氣息，閉上眼睛，手輕觸樹皮，感受樹要傳達給我的訊息，三秒，五秒，一分鐘過去了，我沒有獲得什麼力量，倒是心變得很平靜。

只有這樣嗎？沒有從樹後面爆出萬丈光芒，也沒有神秘生物降落宣布聖旨，更沒有獲得快樂密碼，每一次都只是讓我靜下心來，跟冥想的效果是一樣的，看來我並非天選之人，我只是一介平凡麻瓜。

直到有一天，在一個陽光下摸到一棵樹，陽光曬在樹身上，摸的時候好溫暖，那股溫熱的觸感，沒有語言的傳遞，也沒有戲劇化的場面，卻讓我立刻感受到生命力，有力量在湧動，讓我感覺到愛，有想流淚的衝動。

陽光讓樹可以行光合作用，而樹的茁壯也證明了陽光的存在，彼此互相輝映。而樹的存在也幫助其他生物存活，淨化大自然，當然這其中也有空氣和水的功勞，一路連結影響下去，串聯起來一張核心為愛的生命版圖。

跟植物一樣，人生的目的就是「活著」，用這個生命去體驗，用生命去影響生命，彼此在這其中編織交會，創造出美好的故事。

覺醒就是看見，人既是獨立的個體又接收萬物的滋養，於是知道世間萬物都是一體。

很多事光靠自己的力量是無法完成的，但是這其中也一定有自己能盡的一份心力，我們都是其中的小齒輪，一起推

動這個世界的巨輪。

向內看到自己原本的樣貌，清楚自己的意念，如實的還原大小，不膨脹不萎縮，於是心裡的感恩之情向下紮了根，也就能感受到愛，對自己的愛，對他人的愛，對地球的愛。

若說摸樹會產生魔法，那應該就是看透事物背後的本質所產生的力量，發自內心源源不絕的愛吧。

特別收錄

銀杏樹下永恆的愛

11 月的第二個星期日，是瑞典的父親節。

植物園的銀杏樹下，一個手捧著木盒子的女子有點尷尬又準備說點什麼的看向我們。我也很好奇這是要填問卷還是要傳達什麼環保理念嗎？

「嘿！今天是父親節，這也是我失去父親的第一年，所以我帶著祂的照片來樹下幫祂拍一張照，這是我爸的照片。只是跟你們說一下我為什麼這樣做，希望你們不會覺得很奇怪。」女子誠懇的說道。

聽到那句失去父親的第一年我就原地石化了，立刻眼眶泛紅，完全說不出話，只能呆呆的點點頭。

看著她把爸爸的照片擺好，開始拍照的背影，我向前跨出一步問她：「妳想要我幫你們一起拍張照嗎？」女子開心的回答：「當然！」

我問：「如果可以的話，妳願意說說妳爸爸的故事嗎？」

於是女子非常敞開的說起爸媽的故事。

「我爸跟我媽在一起70年了，那時候我媽14歲，我爸17歲，在一個營隊認識的，但沒有留下聯絡方式。我爸說他第一眼就喜歡上我媽了，很想念我媽，所以某一年夏天就騎著腳踏車去找她，沒有地址，就只是覺得會遇到就去了。第一年沒遇到，第二年再騎去也沒遇到，第三年終於相遇了。

後來他們在日本住了兩年，懷了我，所以我算是 made in Japan，所以我才想到帶我爸的照片來這個日式花園的銀杏樹

下拍張照，雖然我這輩子都沒去過日本，但或許現在可以規劃一下了。」

她在講這一段的時候，剛好銀杏葉被風吹的大量落下，像是在下一場金黃色的銀杏雨，好美。大概是她爸聽到女兒又在講他當年騎腳踏追愛的故事覺得很自豪雀躍吧，激動得派了銀杏葉來參與我們的對話。

很不會安慰人的我，或許聽她說爸爸的故事，緬懷過去的時光，也算是某個程度的療癒吧。

把照片 airdrop 給她，彼此祝福告別。

回家後查了銀杏的花語，竟然是「永恆的愛」！！！

天啊！剛好在銀杏樹下聽一個相愛 70 年的故事，而且是被我這種會去查植物花語的人聽到，好魔幻，好美的安排。

輕舟已過萬重山

寫書的這一年，發現原來植物什麼都知道，但什麼都不明說，只輕輕點撥，也只讓有意願的人看見並產生療癒力。因為「療癒始於意願」，是那份願意敞開的心，產生了力量，讓人在其中看到奇蹟。

有植物的日子裡，改變了我的人生。

人際關係裡：練習辨認出自身與他人的逆鱗，學會清楚表達界線，也知道自己不該越界，選擇有共識的夥伴同行，清理不再屬於自己的關係，接受每個人都可以用不同方式活著。

自我覺察裡：重新審視不適用的錯誤信念，專注在提升自己，擴大視角，和情緒和平相處，有意識的選擇自己喜歡的人事物，活出自己幸福的樣子。

生命探索裡：以終為始，知道自己的理想生活樣貌，基於愛的選擇而非恐懼，排出優先順序，找到喜歡又擅長的事。

日常生活裡：傾聽內在的聲音，尊重自己的感受，保持希望，認真體驗，該放鬆的時候放鬆，享受獨處的時光。

在時間的長河裡，輕舟已過萬重山，已經走了好遠，來到一個更認識自己也更理解他人的狀態。每一步向上躍遷都源於勇於放棄，每一個燦爛的笑容都源於自身底氣，在建構自己的過程中相遇的我們，同舟共濟。

每一步，都讓你知道：你永遠有重新選擇的權利。

植物都知道：從植物身上啟動自我的覺察力，找到最自在的生命姿態

作　　　者／米　　漿（林宜蓁）

主　　　編／蔡　月　薫

編輯協力／楊　裴　文

企　　　劃／蔡　雨　庭

封面設計／謝　佳　穎

內頁編排／郭　子　伶

總編輯／梁芳春

董事長／趙政岷

出版者／時報文化出版企業股份有限公司

108019 台北市和平西路三段 240 號 7 樓

發行專線／(02)2306-6842

讀者服務專線／ 0800-231-705、(02)2304-7103

讀者服務傳真／ (02)2304-6858

郵撥／ 1934-4724 時報文化出版公司

信箱／ 10899 臺北華江橋郵局第 99 號信箱

時報悅讀網／ www.readingtimes.com.tw

電子郵件信箱／ books@readingtimes.com.tw

法律顧問／理律法律事務所 陳長文律師、李念祖律師

印　刷／和楹印刷有限公司

初版一刷／ 2024 年 3 月 15 日

定　　價／新台幣 420 元

時報文化出版公司成立於一九七五年，並於一九九九年股票上櫃公開發行，
於二〇〇八年脫離中時集團非屬旺中，以「尊重智慧與創意的文化事業」為信念。

植物都知道／米漿作 . -- 初版 . -- 臺北市：時報文化出版企業股份
有限公司 , 2024.03
　面；　公分
ISBN 978-626-374-963-4（平裝）

1.CST: 自我實現 2.CST: 生活指導 3.CST: 植物

177.2　　　　　　　　　　　　　　　　　　　113001556